용서받은 나,
사랑하는 우리

(사 55:7, 엡 4:31~32)

머리말

용서받은 나, 사랑하는 우리

총회는 제110회 주제를 "용서, 사랑의 시작입니다"(사 55:7, 엡 4:31-32)로 정하고 전국교회가 시대의 요청에 사랑으로 응답하도록 선포하였습니다. 이에 총회교육자원부는 2026년도 교육주제를 "용서받은 나, 사랑하는 우리"로 함께 선포하며 교회교육이 함께 병행되도록 요청드립니다.

오늘 우리는 깊은 분열의 시대를 살아가고 있습니다. 이념과 세대, 계층과 종교, 그리고 국가 간의 갈등은 공동체를 갈라놓으며 끊임없는 대립을 낳습니다. 이러한 갈등은 개인과 사회에 상처를 남기고, 누적된 아픔은 불신으로 이어져 신뢰를 무너뜨립니다. 신뢰가 사라진 자리에는 고립이 자리 잡아, 초연결 사회 속에서도 사람들은 더욱 외로워집니다. 이 고립은 결국 혐오와 폭력을 증폭시키며, 사회를 더욱 위기로 몰아넣습니다. 안타깝게도 교회도 이 분열의 한복판에 있으며, 세상의 빛과 소금이 되기보다 세상의 갈등을 그대로 반영하고 있습니다.

초대교회가 로마 제국을 변화시킨 것은 권력이나 재력 때문이 아니었습니다. 교부 터툴리안이 전하는 당시 로마인들의 말이 있습니다. "보라, 저 그리스도인들이 서로를 얼마나 사랑하는가!" 그들이 가난한 자를 돌보고, 병든 자를 방문하고, 박해하는 자를 위해 기도하는 모습이 복음의 능력을 증명했습니다. 오늘날 한국교회를 향한 세상의 조롱은 무엇입니까? "보라, 저 그리스도인들이 서로를 얼마나 미워하는가!" 이것이 우리의 부끄러운 현실입니다. 교회가 다시 교회다워지려면, 용서하고 사랑하는 공동체로 회복되어야 합니다.

분노와 혐오가 만연한 시대, 세상은 사랑을 갈급해 하고 있습니다. 세상은 더 이상 강한 자, 목소리 큰 자, 권력 있는 자를 원하지 않습니다. 세상은 진정으로 용서할 줄 아는 사람, 진심으로 사랑할 줄 아는 공동체를 찾고 있습니다. 만약 교회가 진정으로 원수를 사랑하고, 가해자를 용서하며, 상처받은 자를 품는다면, 세상은 교회를 다시 주목할 것입니다. 이것이 바로 "제사장 나라"(출 19:6)로서의 교회의 사명입니다.

교회가 분열과 갈등으로 병들어 가는 것은 용서와 사랑을 잃어버렸기 때문입니다. 교회가 살아나고 성도 한 사람 한 사람이 살아나려면, 용서하고 사랑해야 합니다. 우리 인간은 하나님의 형상으로 창조된 존재이면서 동시에 타락한 존재입니다. 의인이자 죄인인 우리는 선과 악이 혼재하고, 사랑과 폭력이 공존하는 모순된 존재입니다. 부모와 자식, 부부와 연인, 신앙의 동역자 등 가장 가까운 관계에서조차 깊은 상처가 오갑니다. "내가 원하는 바 선은 행하지 아니하고 도리어 원하지 아니하는 악을 행하는도다"(롬 7:19). 바울이 고백했듯이 존재론적 딜레마가 우리의 현실입니다.

우리 시대는 용서와 사랑이 필요합니다. 우리가 완전하기 때문에 용서하는 것이 아니라, 우리가 불완전하기에 용서가 필요합니다. 우리가 상처 주지 않기 때문에 사랑하는 것이 아니라, 우리 모두 상처받은 존재이기에 사랑이 절실합니다. 진정한 용서는 '라멘트'(lament, 애가)에서 시작됩니다. 시편 기자처럼 "어찌하여 입니까?"라고 부르짖고, 욥처럼 정의를 요구하며, 예레미야처럼 슬픔을 토해내는 것이 먼저입니다.

목회 현장에서 용서는 종종 피해자에게 강요되는 억압의 도구로 전락하기도 합니다. "용서하지 못하면 축복을 받지 못한다"는 값싼 용서의 복음이 상처받은 영혼들을 이중으로 고통스럽게 합니다. 이것은 복음이 아니라 폭력입니다.

　용서는 하나님이 인간 한 사람 한사람을 존재 자체로 받아주셨다는 것을 아는 것에서 시작합니다. 그것은 자신을 포함하여 인간의 존엄을 훼손하지 않는 것입니다. 타인에게 받은 상처, 집단이나 국가가 자행한 폭력, 불의하고 갑작스러운 사고 중에도 우리는 하나님이 말할 수 없는 은혜로 구원받은 존재라는 점을 잊지 않아야 합니다. 용서가 칭의의 선언이라면, 사랑은 성화의 열매입니다. 예수님께서 말씀하셨습니다. "너희 원수를 사랑하며 너희를 박해하는 자를 위하여 기도하라"(마 5:44). 이것은 불가능한 명령처럼 들립니다. 그러나 이것이 바로 복음입니다. 우리가 하나님의 원수였을 때, 하나님께서 우리를 먼저 사랑하셨습니다(롬 5:10). 이 선행적 사랑이 우리가 원수를 사랑할 수 있는 유일한 근거입니다.

　진정한 용서는 사건을 직면하여 식별할 수 있는 지혜, 잘못의 원인과 죄를 인식하는 과정에서 성찰하고 분노하는 것, 그리고 당사자들이 안전하게 상처를 치유하고 다음 단계로 나아갈 수 있도록 안내라고 지혜를 모으는 것입니다. 십자가는 하나님의 정의와 사랑이 만나는 곳입니다. "하나님께서 그리스도 안에 계시사 세상을 자기와 화목하게 하시며"(고후 5:19). 십자가에서 하나님은 죄를 간과하지 않으셨습니다(정의). 그러나 그 대가를 당신의 아들이 치르게 하셨습니다(사랑). 우리의 용서도 이와 같아야 합니다. 죄를 죄라고 명명하되(정의), 죄인을 회복의 길로 인도해야 합니다(사랑). 이것이 바로 회복적 정의(restorative justice)입니다.

　하나님과 나의 화해는 하나님과 세상의 화해로 확장되어야 하고, 이를 위해 먼저 나는 세상과 화해해야 합니다. 그래야 세상이 나를 통해 하나님과의 화해를 맛볼 수 있습니다. 용서는 개인적 차원을 넘어 공동체적 문제로 이해되어야 하며, 표면적인 피해자와 가해자를 넘어서 구조적 차원에서 다시는 피해가 반복되지 않도록 하는 것입니다. 용서는 세상의 질서에 대항하여 하나님과 세상의 진정한 화해를 이루는 일입니다. 이 새로운 질서는 생명을 살리고, 생명을 풍성하게 만듭니다. 그리고 그 생명은 하나님의 나라가 이 땅에서 이루어짐을 목도하게 합니다.

그리스도의 몸된 교회는 용서와 사랑의 플렛폼입니다. 우리가 받은 용서는 다른 사람을 보는 '창'이 되어, 용서받은 자로서 용서하시는 하나님을 닮아가는 삶을 살도록 믿음을 더하게 합니다. 성령은 말할 수 없는 탄식으로 우리를 용서와 화해의 자리로 초대하시며 우리가 자발적으로 생명과 복음의 문을 열도록 도우십니다. 십자가에서 자신을 내어주신 사랑을 경험한 그리스도인은, 자신도 타인을 위해 자신을 내어주는 삶을 삽니다. 이러한 삶은 회개와 책임, 그리고 긍휼과 사랑으로 구체화됩니다. 이것이 바로 그리스도의 몸 된 교회가 세상 가운데 보여주어야 할 복음의 실재입니다.

우리는 다음세대에게 생명의 복음을 전달해야 합니다. 복음의 핵심은 용서와 사랑입니다. 우리는 다음세대가 분열된 세상을 치유하는 하나님 나라의 증인으로 성장하도록 교육해야 합니다. 이것이 한국교회의 새로운 희망입니다.

2025년 10월
총회교육훈련처 총무 전호영 목사

차 례

머리말 / 4

part 1 교육주제해설
    용서와 사랑의 플랫폼
    : 기독교교육을 통한 공동체적 성숙의 길 _ 전호영 / 12

part 2 용서받은 나, 사랑하는 우리
    교회교육학적 이해 _ 홍정근 / 26

part 3 성서적 이해
    1. '하나님 닮아가기'로서의 신앙과 삶
      : 용서와 사랑에 관한 구약 성경적 고찰 _ 하경택 / 38

    2. 용서, 사람을 보는 창
      : 복음서에 나타난 용서와 사랑 _ 김호경 / 56

    3. 용서, 생명과 복음의 문
      : 바울서신에 나타난 용서와 사랑 _ 송진순 / 69

part 4 교육목회의 실제

1. '용서받은 나'가 '사랑하는 우리'로 성장하기
   : 교육신학의 관점에서 바라본 용서와 사랑 _ 고원석 / 84

2. 용서, 자신을 내어주는 십자가의 사랑
   : 용서와 영성훈련 _ 김경은 / 98

3. 용서, 회개와 책임 그리고 긍휼과 사랑
   : 목회상담학의 관점에서 본 용서와 사랑 _ 문성일 / 110

4. 용서, 화해의 정의
   : 삶 속의 용서와 화해 - 갈등해결훈련 _ 황필규 / 124

5. 예배, 용서와 사랑의 영을 구하는 일상
   : 예배교육 _ 최진봉 / 138

6. 용서와 사랑의 첫 교실, 가정
   : 용서를 실천하는 가정예배 이해와 가정 예배 매뉴얼 _ 신형섭 / 155

7. 용서, 찾아가는 사랑
   : 디아코니아 교육을 통한 사랑의 실천-사마리아 여인을 중심으로 _ 김한호 / 171

8. 역사 속에서 용서와 사랑을 만나다
   : 역사현장 탐방 프로그램을 중심으로 _ 이세영 / 185

9. 생태계의 신음에 용서를 구하다
   : 생태환경교육 _ 이현아 / 199

Part 1

교육주제 해설

용서와 사랑의 플랫폼
: 기독교교육을 통한 공동체적 성숙의 길

용서와 사랑의 플랫폼

기독교교육을 통한 공동체적 성숙의 길

전호영 목사
[총회 교육훈련처 총무]

들어가며

한국 사회의 갈등 현실과 교회의 현실 인식

오늘날 한국 사회는 다층적 갈등 구조 속에서 분열과 단절이 심화되고 있다. 개인주의와 경쟁 중심의 사회 구조는 공동체성을 약화시키며, 특히 MZ세대의 자율성과 자기표현 중시 경향은 기성세대의 전통적 공동체 가치와 충돌해 세대 간 갈등을 더욱 심화시키고 있다. 이 같은 갈등은 단순히 문화적 차이를 넘어 사회 전반의 신뢰 약화 및 공동체 해체로 이어질 위험성을 내포한다.

목회데이터연구소의 「기독교인의 용서에 대한 인식」 조사 결과는 이러한 현실을 여실히 보여준다. 기독교인 대다수(89%)가 우리 사회 갈등이 심각하다고 인식하고 있으며, 그 중 '매우 심각하다'고 응답한 비율이 20%로, 5명 중 1명은 사회 갈등에 대한 위기의식이 매우 높았다. 더욱 우려스러운 것은 기독교인 3명 중 2명(67%)이 우리 사회 갈등이 '앞으로 더 커질 것'으로 전망하고 있다는 점이다.[1]

---

1) 목회데이터연구소, 「기독교인의 용서에 대한 인식」, 2024년 1월 조사, 전국 만 19세 이상 개신교도 1,000명 대상 (2023.12.20.-2024.01.04.).

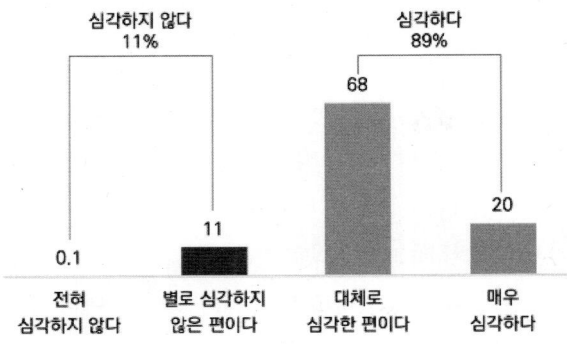

제110회기 총회 주제와 기독교교육의 방향

이러한 시대적 위기 속에서 제110회기 총회는 **"용서, 사랑의 시작입니다"**라는 주제를 제시했다. 이는 분열과 갈등의 시대에 용서가 단순한 결과가 아니라 모든 치유와 화해의 '시작점'임을 강조하는 것이다. 특히 교회학교 교육을 위한 세부 주제인 **"용서받은 나, 사랑하는 우리"**는 이러한 총회 주제를 교육적 관점에서 구체화한 것이다. 이는 개인적 용서 경험에서 출발하여 공동체적 사랑의 실천으로 확장되는 신앙 성숙의 과정을 교육 목표로 설정한 것이다.

신학적 근거

이처럼 구조적 갈등이 만연한 시대에 왜 '용서'가 사랑의 시작이 되는가? 기독교 신학은 인간의 죄성이 모든 사회적 분열과 갈등의 근본 원인임을 분명히 한다. 창세기 3장의 타락 이후 인간은 하나님과의 관계 단절, 자기 자신과의 소외, 타인과의 갈등, 자연과의 불화라는 4중 분열을 경험하게 되었다. 이러한 존재론적 분열은 개인적 차원을 넘어 사회 구조와 문화 전반에 영향을 미친다.

그러나 하나님은 그리스도의 십자가를 통해 이 모든 분열을 치유하는 화해의 길을 여셨다. 바울 사도가 고린도후서 5장 18~20절에서 선언한 "화해의 직분"은 단순히 개인 구원에 머물지 않고, 세상을 향한 화해의 사역으로 확장된다. 즉, 하나님의 선행적 용서는 우리로 하여금 다른 이를 용서하고 사랑함으로써 하나님의 사랑을 세상에 드러내라는 사명으로 연결된다.[2]

미로슬라브 볼프(Miroslav Volf)는 용서를 "기억의 치유"로 정의하며, 진정한 용서가 과거의 상처를 망각하는 것이 아니라 그 기억을 변화시키는 과정임을 강조한다.[3] 로버트 엔라이트(Robert Enright)는 용서를 "상처받은 자가 가해자에게 베푸는 특별한 선물(a special kind of gift)"이라고 표현하며, 이것이 복음적 사랑의 핵심임을 밝힌다.[4]

마틴 루터(Martin Luther)는 "하나님께서 우리를 용서하신 것처럼 우리도 서로 용서해야 한다"라고 하며, 용서가 기독교인의 의무이자 특권임을 역설했다.[5]

교회의 사명과 과제

이러한 상황에서 교회는 세대와 계층을 넘어서는 화해의 플랫폼이 되어야 한다. 예수 그리스도를 본받는 삶은 단순한 모방이 아니라, 그분의 사랑과 화해의 정신을 구체적 행위로 실천할 때 비로소 완성된다. 이를 위해 세 가지 핵심 과제가 필요하다.

첫째, 복음의 핵심 가치를 현대적 맥락에서 재해석하고 실천 가능한 윤리로 제시해야 한다. 용서와 사랑이 추상적 개념이 아니라 일상의 구

---

2) 고린도후서 5:18-20 참조.

3) 미로슬라브 볼프, 김철 역, 『배제와 포용』 (IVP, 2021), 340.

4) Robert D. Enright, 김광수 역, 『용서: 치유와 희망의 심리학』 (학지사, 2021), 343.

5) Martin Luther, 지원용 역, 『루터 선집』 6권, (컨콜디아사, 2012), 347-348.

체적 관계에서 어떻게 실현될 수 있는지 명확히 제시해야 한다.

둘째, 세대 간 대화를 촉진하여 다양성을 존중하면서도 공동체적 회복과 화해를 추구해야 한다. MZ세대와 기성세대 간의 문화적 차이를 인정하되, 복음 안에서 서로를 이해하고 받아들이는 성숙한 공동체 문화를 조성해야 한다.

셋째, 신앙을 교리적 동의에 머물게 하지 않고 일상 속에서 용서와 사랑으로 구현하는 삶으로 확장하도록 교육과 훈련을 강화해야 한다.

기독교교육 주제의 구조와 의미

"용서받은 나"는 하나님의 선행적 은혜를 경험한 개인의 정체성 변화를 의미한다. 이는 자기 의에 기반한 종교적 우월감이 아니라, 철저히 하나님의 은혜에 의존하는 겸손한 존재임을 인정하는 것이다. 앤 라모트(Anne Lamott)는 "용서는 우리가 받은 선물을 다른 이에게 전하는 것"이라고 표현했다.[6]

"사랑하는 우리"는 이러한 개인적 경험이 공동체적 실천으로 확장되는 것을 의미한다. 하나님의 사랑을 경험한 자는 그 사랑으로 타인을 사랑할 책임과 능력을 갖게 된다. 이는 총회 주제인 "용서, 사랑의 시작입니다"의 교육적 구현이라 할 수 있다.

이처럼 개인에서 공동체로, 교회에서 사회로 확장되는 용서와 사랑의 여정이야말로 오늘날 한국교회가 추구해야 할 기독교교육의 핵심 방향이다.

용서를 통한 신앙과 삶의 성숙

개인적 성숙: '용서받은 나'의 내적 변화

---

6) Anne Lamott, *Traveling Mercies: Some Thoughts on Faith* (Anchor Books, 1999), 41.

용서는 무엇보다 개인의 내적 변화에서 시작된다. 자신이 하나님의 용서를 받은 존재임을 깨닫는 순간, 죄의 짐에서 해방되고 참된 자아를 회복하게 된다. 목회데이터연구소 조사에 따르면, 기독교인 중 용서 경험이 있는 응답자가 77%로 높게 나타났으며, 이들은 용서 경험이 없는 그룹에 비해 삶의 만족도와 타인에 대한 긍정적 태도가 현저히 높았다.[7]

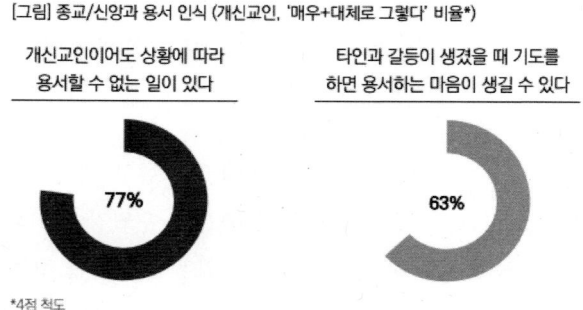

작가 앤 라모트(Anne Lamott)는 특유의 직설 화법으로 "용서하지 않는 것은 쥐약을 먹고 쥐가 죽기를 기다리는 것과 같다"라고 말했으며, 또한 "용서란 보복이 결국 중요하지 않게 된다는 뜻이다"라고 표현했다.[8]

용서의 개인적 차원에서 중요한 것은 하나님의 선행적 은혜에 대한 깨달음이다. 마틴 루터는 "하나님께서 우리를 먼저 사랑하시고 용서하셨기에 우리도 서로 용서할 수 있다"고 하며,[9] 용서가 기독교인의 의무이자 특권임을 역설했다. 이는 로마서 5장 1절 "그러므로 우리가 믿음으로 의롭다 하심을 받았으니"의 말씀과 일맥상통한다. 개인 성숙을 위한 구체적 방안은 다음과 같다.

---

7) 목회데이터연구소, 앞의 자료, 8.

8) 필립 얀시, 『용서: 은혜를 시험하는 자리』 (서울: 한국기독학생회출판부, 2023), 14.

9) Martin Luther, 지원용 역, 『루터 선집』 제6권, (컨콜디아사, 2012), 14-15.

첫째, 자기 성찰과 회개의 시간을 정기적으로 갖는다. 하나님 앞에서 자신의 죄성을 인정하고 용서받은 은혜를 새롭게 깨닫는 것이 중요하다.

둘째, 용서 일기를 작성한다. 매일 하나님께 받은 용서와 타인에게 베푼 작은 용서의 경험들을 기록함으로써 용서의 순환 구조를 체험한다.

셋째, 성경의 용서 사례들을 묵상한다. 탕자의 비유(눅 15:11-32), 일곱 번씩 일흔 번 용서하라(마 18:22)는 말씀 등을 통해 하나님의 용서의 성품을 배운다.

공동체적 성숙: '사랑하는 우리'의 상호 성장

개인의 용서 경험은 자연스럽게 공동체 차원으로 확장된다. 목회데이터연구소 조사에서 흥미로운 점은 "교회 공동체 내에서 용서를 경험했다"고 응답한 신자들의 교회 소속감이 83%로, 그렇지 않은 그룹(63%)보다 현저히 높았다는 것이다.[10]

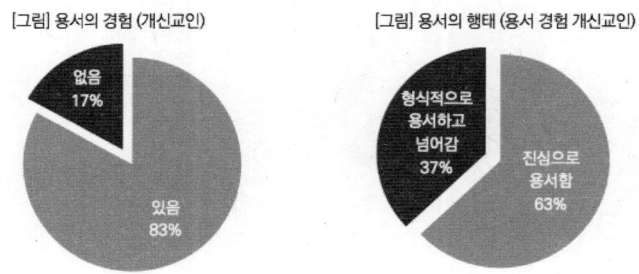

공동체 성숙을 위한 구체적 방안은 다음과 같다.

첫째, 세대 간 대화와 화해의 장을 마련한다. MZ세대와 기성세대가 서로의 관점을 이해하고 용서할 수 있는 구조적 프로그램이 필요하다.

둘째, 갈등 해결을 위한 중재 시스템을 구축한다. 교회 내 갈등이 발생

---

10) 목회데이터연구소, 앞의 자료, 9.

했을 때 성경적 원리에 따라 화해를 도모하는 체계적 접근이 중요하다.

셋째, 용서와 화해를 기념하는 예배와 행사를 개최한다. 공동체적 용서의 경험을 공유하고 감사하는 시간을 통해 용서의 문화를 정착시킨다.

사회적 성숙: 교회를 넘어 사회로의 확장

교회 공동체에서 성숙한 용서의 문화는 사회 전체로 확장되어야 한다. 목회데이터연구소 조사에 따르면, "사회적 갈등 해결에 교회가 역할을 해야 한다"고 응답한 기독교인이 57%에 달했으며, 이들은 지역사회 참여도와 사회적 자본(social capital) 형성에 적극적인 모습을 보였다.[11]

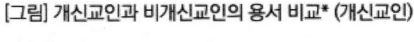

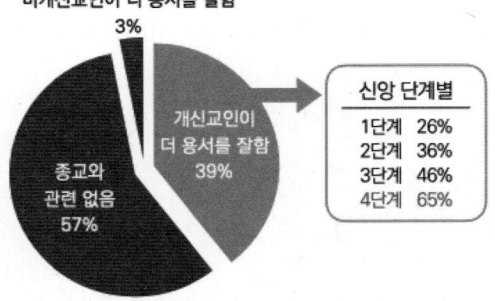

커닝햄(Cunningham)은 "용서 경험의 부재가 용서를 가로막는 가장 큰 장애물"이라고 지적하며[12], 교회가 사회에 용서의 경험을 제공하는 플랫폼 역할을 해야 함을 강조했다. 이는 단순히 도덕적 교훈을 전하는 것이 아니라, 실제적인 화해와 용서의 경험을 사회 구성원들이 체

---

11) 목회데이터연구소, 앞의 자료, 10.

12) 이창규, 「기독교적 용서와 목회상담: 용서의 목회신학」 (신학과 실천, 2021). 340.

험할 수 있도록 돕는 것이다. 사회적 성숙을 위한 구체적 방안은 다음과 같다.

첫째, 지역사회 화해 프로젝트를 추진한다. 다문화가정, 북한이탈주민, 소외계층과의 연대를 통해 사회적 용서와 포용의 모델을 제시한다.

둘째, 초교파적 연합을 통한 사회 갈등 해결에 참여한다. 정치적, 이념적 갈등을 넘어서는 기독교적 화해의 메시지를 전달한다.

셋째, 용서와 화해를 주제로 한 공개 포럼과 교육을 한다. 시민사회와 함께 용서의 가치와 실천 방안을 모색하는 장을 마련한다.

용서와 사랑을 통한 교회와 사회의 새로운 전망

지금까지 살펴본 바와 같이, "용서, 사랑의 시작입니다"라는 제110회기 총회 주제와 "용서받은 나, 사랑하는 우리"라는 교육 주제는 단순한 표어가 아니라, 분열과 갈등의 시대를 극복하기 위한 구체적이고 실천적인 교회의 응답이다.

목회데이터연구소의 조사 결과가 보여주듯, 기독교인들 역시 사회 갈등의 심각성을 절감하고 있으며(89%), 더욱이 3명 중 2명(67%)이 갈등이 앞으로 더 심화될 것으로 전망하고 있다.[13] 이러한 현실 인식 속에서 교회는 용서와 사랑의 복음적 가치를 개인적 차원을 넘어 공동체적, 사회적 차원으로 확장해야 할 시대적 사명을 안고 있다.

본 연구에서 제시한 3차원적 성숙 모델 ① 개인적 성숙(용서받은 나) ② 공동체적 성숙(사랑하는 우리) ③ 사회적 성숙(교회를 넘어 사회로의 확장)은 이러한 시대적 요청에 대한 체계적 응답이라 할 수 있다.

---

13) 목회데이터연구소, 「기독교인의 용서에 대한 인식」, 2024년 1월 조사, 전국 만 19세 이상 개신교도 1,000명 대상 (2023.12.20.-2024.01.04.), 3.

실천적 과제와 전망

① 신뢰받는 교회 공동체 구축

무엇보다 교회는 용서와 사랑을 실천하는 신뢰받는 공동체가 되어야 한다. 조사 결과, 교회 내에서 용서를 경험한 신자들의 교회 소속감이 83%로 높게 나타난 것[14]은 용서 경험이 교회 공동체에 대한 신뢰와 애착을 강화시킴을 보여준다.

디트리히 본회퍼(Dietrich Bonhoeffer)가 『신도의 공동생활』에서 강조했듯이, 참된 교회 공동체는 성도들이 서로의 죄를 용서하고(상호 용서) 서로의 짐을 져주는(대속) 삶을 통해 형성된다.[15] 교회는 세상의 갈등과 분열을 단순히 비판하기보다는, 먼저 자신의 내부에서 용서와 화해의 모범을 보여주어야 한다.

② 책임 있는 신앙인 양성

교회교육의 목표는 단순히 교리를 아는 신자가 아니라, 일상에서 용서와 사랑을 실천하는 책임 있는 신앙인을 양성하는 것이다. 미로슬라브 볼프는 "기독교 신앙의 공공성은 사적 경험에서 공적 실천으로 확장될 때 실현 된다"라고 했다.[16]

특히 MZ세대와 기성세대 간의 갈등이 심화되는 현실에서, 세대 간 이해와 용서를 촉진하는 교육 프로그램의 개발이 시급하다. 조사에서도 세대 갈등을 경험한 후 용서를 실천한 그룹이 그렇지 않은 그룹보다 교회 만족도가 현저히 높게 나타났다.[17]

---

14) 목회데이터연구소, 앞의 자료, 9.

15) 디트리히 본회퍼, 정지련·손규태 역, 『신도의 공동생활』(서울: 대한기독교서회, 2010), 47.

16) 미로슬라브 볼프, 김명윤 역, 『광장에 선 기독교: 공적 신앙이란 무엇인가』(서울: IVP, 2014), 156.

17) 목회데이터연구소, 앞의 자료, 10.

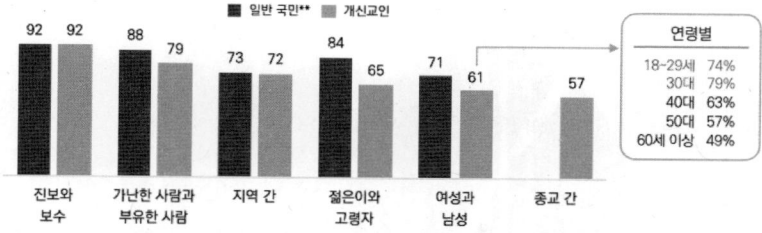

[그림] 사회 집단별 갈등 심각성 인식 ('매우+약간 심각하다' 비율*, %)

※출처 : 한국리서치 여론속의여론, '[집단별 갈등인식 – 2023년] 이념갈등, 여전히 우리나라의 가장 큰 갈등 축', 2023.05.23. (전국 만 18세 이상 남녀 1,000명, 웹조사, 2023.05.12.~05.15.)
*4점 척도
**'가난한 사람과 부유한 사람'은 '부유층과 서민층', '수도권과 지방'은 '영남과 호남', '젊은이와 고령자'는 '기성세대와 젊은세대'가 원 질문임

③ 살아 있는 복음의 증인

교회는 복음의 핵심인 용서와 사랑을 삶으로 증명하는 살아 있는 증인이 되어야 한다. 조사에 따르면 기독교인들은 종교단체를 갈등 완화 주체로 응답한 비율은 1순위 22.4%, 2순위 16.9%로, 합산 시 39.3%에 달한다. 한국교회가 사회 갈등 완화를 위해 노력하고 있다고 평가하는 비율은 47%로 나타났다.[18]

[표] 사회 갈등 완화를 위해 노력하고 있는 사회적 주체 (상위 5위)

순위	개신교인 (1순위 응답률)	일반 국민 (항목별 '매우+약간 노력한다 비율*)
1	종교단체 (22%)	교육계 (35%)
2	시민단체 (20%)	기업 (31%)
3	개인 (19%)	정부 (30%)
4	정부 (16%)	종교단체 (28%)
5	언론 (6%)	시민단체 (28%)
6	기업 (4%)	언론 (27%)
7	국회 (4%)	법조계 (25%)
8	교육계/기관 (4%)	노동조합단체 (20%)
9		국회 (18%)

※출처 : 한국행정연구원, '2023년 사회통합실태조사' 2024.01. (만 19세 이상 성인 남녀 8,221명, 면접조사, 한국갤럽조사연구소, 2023.09.01.~10.31.)
*5점 척도

---

18) 목회데이터연구소, 앞의 자료, 11.

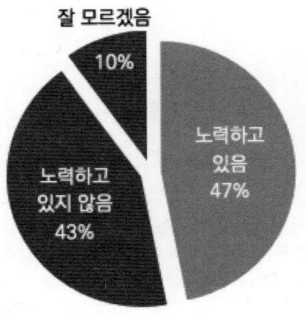

[그림] 한국교회의 사회 갈등 완화를 위한 노력 정도 (개신교인)

- 잘 모르겠음 10%
- 노력하고 있음 47%
- 노력하고 있지 않음 43%

로버트 엔라이트가 지적한 바와 같이, "용서는 상처받은 자가 가해자에게 베푸는 특별한 선물"[19]이며, 이러한 선물이 사회 전체로 확산될 때 진정한 사회 변혁이 일어난다. 교회는 이러한 용서의 선물을 사회에 전하는 통로가 되어야 한다.

향후 연구 방향과 실천 과제

① 교육 커리큘럼 개발

용서와 사랑의 실천을 위한 체계적인 교육 커리큘럼 개발이 필요하다. 특히 연령별, 상황별로 특화된 프로그램을 개발하여 실효성을 높여야 한다. 커닝햄이 강조한 "용서 경험의 부재가 용서를 가로막는 가장 큰 장애물"[20]이라는 지적을 고려할 때, 실제적인 용서 경험을 제공하는 교육 프로그램이 중요하다.

② 사례 연구와 모델 개발

실제로 용서와 화해를 통해 갈등을 극복한 교회와 공동체의 사례를

---

19) Robert D. Enright, 김광수 역, 『용서: 치유와 희망의 심리학』 (학지사, 2021), 347-348.

20) 이창규, 『기독교적 용서와 목회상담: 용서의 목회신학』 (신학과 실천, 2021), 343에서 재인용.

수집하고 분석하여, 적용 가능한 모델을 개발해야 한다. 이는 추상적인 이론을 구체적인 실천으로 연결하는 중요한 작업이다.

③ 사회적 네트워크 구축

교회 단독의 노력을 넘어서, 시민사회, 교육기관, 정부 기관과의 협력을 통한 사회적 화해 네트워크를 구축해야 한다. 사회적 자본(social capital) 형성에 대한 교회의 기여 가능성을 적극적으로 모색해야 한다.[21]

마치면서 : 새로운 소망의 지평

"용서받은 나, 사랑하는 우리"라는 교육 주제는 단순한 개인의 영성 추구를 넘어서, 교회와 사회 전체의 치유와 회복을 지향한다. 이는 하나님 나라의 가치가 이 땅에서 구현되는 구체적인 통로이다. 칼 바르트(Karl Barth)가 말한 바와 같이, "하나님의 은혜를 받은 인간은 그 은혜를 다른 이에게 전달할 책임"[22]이 있다. 오늘날 한국교회는 분열과 갈등의 시대에 용서와 사랑의 은혜를 사회 전체에 전달해야 할 역사적 책임을 안고 있다. 목회데이터연구소의 조사가 보여주는 현실적 위기의식과 동시에 나타나는 교회의 역할에 대한 기대는, 이 시대 한국교회가 직면한 도전이자 기회이다. 용서를 통한 개인의 성숙, 사랑을 통한 공동체의 화해, 그리고 이를 바탕으로 한 사회적 책임의 실천이 조화롭게 이루어질 때, 교회는 진정 '신뢰받는 교회, 책임 있는 신앙인, 살아 있는 복음의 증인'이 될 수 있을 것이다. 이것이 바로 제110회기 총회가 제시한 "용서, 사랑의 시작입니다"라는 주제가 지향하는 궁극적 비전이며, 한국교회가 이 시대에 감당해야 할 복음적 사명인 것이다.

---

21) James S. Coleman, 박세일 외 역, 『사회적 자본론』 (현암사, 2022), 134-156.
22) 칼 바르트, 박대웅 옮김, 『교회교의학』 제4권1분책, (대한기독교서회, 2012), 431-432.

Part 2

용서받은 나, 사랑하는 우리

교회교육학적 이해

용서받은 나, 사랑하는 우리

교회교육학적 이해

홍정근 목사
[교육과정 및 교육연구위원장, 강남연동교회]

들어가며

　교회교육이라는 측면에서 "용서받은 나, 사랑하는 우리"라는 주제는 참 쉬우면서도 어렵게 느껴진다. 용서는 너무나 관념적이면서 너무나 실제적인 문제이다. 우리가 주님의 은혜로 용서를 받았다는 것은 존재론적이면서도 실존적인 경험이다. 이런 경험은 용서의 복음이 우리에게 주는 아주 독특한 은혜이며 선물이다. 한편, 용서한다는 것은 관계적이고 정서적이면서 실제적인 문제가 수반되는 과제이다. 용서한다는 것은 용서받은 자의 능동적 책무이고, 용기를 내어 순종하며 풀어가야 할 과제이다. 이런 미묘한 문제를 교회교육에서 어떻게 다룰 것인가는 쉬우면서도 어려운 일이다. 우선, 용서에 대한 교회교육적 이해에 대해서는 『제110회 총회 주제해설집』에 수록된 필자의 "용서에 대한 기독교교육적 이해"를 참고해 주시기를 바란다. 본 글에서는 "용서, 사랑의 시작입니다"라는 총회 주제를 좀 더 구체적으로 재해석한 교육주제인 "용서받은 나, 사랑하는 우리"를 중심으로 교회교육의 방향을 제안하려고 한다.

용서의 복음

　기독교는 십자가의 복음이다. 십자가는 용서의 복음이다. 우리를 향한 하나님의 조건없는 용서가 선포되는 곳이 십자가이며, 우리가 그 용서를 경험하는 곳이 십자가이다. 이처럼 복음은 용서의 경험으로 시작한다. 하나님은 우리의 죄를 용서하시기 위해 예수님을 그리스도로 보내셨다. 예수님은 우리를 죄에서 구원하시기 위하여 우리 죄값을 치르시기 위하여 십자가를 지심으로 우리에게 용서를 선물해 주셨다. 예수님은 공생에 사역을 시작하면서 첫 메시지로 "때가 찼고 하나님의 나라가 가까이 왔으니 회개하고 복음을 믿으라"(막 1:15)고 선포하셨다. 이 선언에는 하나님의 나라가 용서의 복음으로 우리에게 주어짐을 밝히고 있다.

　복음의 경험은 곧 용서의 경험이다. 회개하고 복음을 믿으라는 말씀은 회개하고 용서를 받으라는 의미를 내포하는 것이요, 회개하고 용서를 받는 것은 내 삶에 하나님의 나라가 시작되는 것임을 나타내고 있다. 이를 통해 우리는 **용서의 문제가 단순히 개인 간의 화해나 회복을 넘어서 하나님 나라를 세워가는 과정**임을 알 수 있다. 이러한 점에서 우리에게 **용서는 최초의 하나님 나라 경험이요, 하나님 나라의 시작점**이다. 예수님은 우리에게 가르치신 기도에 우리 삶이 하나님 나라와 연결되어 있음을 보여준다. "나라가 임하시오며 뜻이 하늘에서 이루어진 것 같이 땅에서도 이루어지이다"(마 6:10). 우리가 용서받으므로 하나님 나라가 우리에게 이루어진 것처럼 우리가 용서함으로 하나님 나라를 이루어가야 함을 일깨운다. 하나님 나라를 이루기 위해서는 우리가 받은 용서의 실천이 담보되어야 한다. 이런 관점에서 예수님의 공생애 사역의 첫 메시지는 우리에게 새롭게 다가온다.

용서, 나 그리고 우리

　용서는 나의 문제이면서 또한 우리의 문제이다. 성경에서 말하는 용서는 개인의 경험이면서 동시에 우리라는 공동체의 경험이기 때문이다. 개인이 경험한 용서가 '우리'라는 관계적 공동체로 확장되어 가는 과정, 이것이 곧 성경이 말하는 용서의 역동성이다. 나의 경험으로 머무르는 것은 그 자체로 의미가 있지만 뭔가 부족함이 있는 것이다. 성경이 말하는 **용서는 나를 통하여 너에게로 그리고 우리에게도 확산**한다. 이렇게 나의 경험이 너의 경험이 되고, 우리 공동체의 경험으로 확장되며, 결국 하나님 나라를 이루는 씨앗이 된다. 주님으로부터 시작한 용서가 나를 거쳐 너에게로, 우리에게로 확산되면서 하나님 나라를 이루어 가는 것이다. 이는 승천하시는 주님이 우리에게 당부하신 말씀에도 잘 나타난다. "오직 성령이 너희에게 임하시면 너희가 권능을 받고 예루살렘과 온 유대와 사마리아와 땅 끝까지 이르러 내 증인이 되리라 하시니라"(행 1:8). 주님은 우리에게 용서의 복음, 구원의 복음을 주셨다. 이 복음은 성령의 역사와 함께 나를 넘어 너, 우리, 멀리 있는 이웃에게로 확산한다. 이것이 용서의 복음에 담긴 힘이며, 역동성이다. 이 모든 일은 내가 받은 용서의 경험에서 시작한다.

용서받은 나

　우리는 주님으로부터 죄 사함 곧 죄를 용서받는 사람들이다(엡 1:7). 이것이 모든 그리스도인이 가지는 복음적 정체성이다. 아무런 대가도 지불하지 않고 오직 주님의 희생으로 우리가 용서를 받았다는 사실이 성경이 우리에게 전하는 복음이며 은혜이다. 내가 주님의 은혜로 용서를 받았다는 이 복음적 자각에서 용서는 시작된다. 사실 용서는 일반 교육에서도 중요한 가르침이다. 인간관계에서 간과할 수 없는 문제이기 때문이다. 인간 사회에서 용서는 주요 덕목이며 삶의 지침이다.

용서를 통해 서로 간의 벽을 허물 수 있고 깊은 관계로 나아갈 수 있다. 용서하지 못하고 증오, 미움, 분노, 억울함 등의 감정을 품고 사는 것은 그 자체가 지옥이다. 따라서 용서는 나를 위한 것이기도 하다. 용서로 풀지 못한 응어리는 인격적인 관계를 해치는 독이 되고 가시가 된다. 용서로 풀지 못한 응어리는 나를 옭아매고 억압하고 마음의 에너지를 갉아먹는다. 그래서 일반 교육이나 상담에서 용서는 응어리로부터 나를 놓아주는 것이며 너를 놓아주는 것이라고 말한다.

교회교육에서 용서는 다른 차원의 문제이다. 성경에서 말하는 용서는 용서받는 자만이 용서를 알고 용서를 할 수 있다. 우리 안에서 용서할 여력도 힘도 없기 때문이다. **용서는 단지 인간적인 정서와 관계적인 문제가 아니라 복음의 문제요 하나님과의 관계 문제이다.** 용서의 근원은 내 속에 있는 인간적 동기나 응어리가 아니라 주님으로부터 주어지는 은혜이다. 우리가 주님으로부터 받는 용서의 경험은 다른 무엇으로 대체할 수 없는 최고의 경험이다. **용서받았다는 것**이 무엇을 의미하는가? 단지 나의 죄에 대한 사면 이상이다. **나의 전 존재가 받아들여지는 전인격적 구원의 사건이다.** 죄에 묶여있던 나라는 존재가 자유와 해방을 얻는 것이며(롬 8:1-2), 주체적으로 사랑하고 용서하고 치유할 수 있는 삶이 열렸다는 뜻이며, 용서할 수 없는 것을 용서할 수 있는 가능성을 품게 되었다는 뜻이다. 곧 **치유의 시작, 샬롬의 시작, 하나님 나라의 시작**이다. 즉 주님의 용서는 **하나님 나라로의 부르심**이다. 주님의 용서를 받고 사랑을 경험한다는 것은 닫혔던 하나님 나라가 열리는 사건이며, 하나님 나라의 사역자가 되었다는 것을 의미한다. 용서받은 나는 용서하는 사람이 되고, 용서로 회복되는 우리는 하나님 나라를 만들어가는 주체가 된다. 이처럼 주님으로부터 용서받는 경험은 개인적인 경험으로 끝나는 것이 아니라 우리를 공동체로, 그리고 하나님 나라의 경험으로 확장되는 역동성을 가진다. 또한 일회적인 사건으로 끝나는 것이 아니라 **영속적인 약속**이며, 용서하는 자의 삶을 사는 지속적인 원동력이 된다. 이처럼 용서받는 나는 이미 나를 넘어 하나님 나라의 가능성이다.

사랑하는 우리

용서는 우리에게 주어진 거룩한 부담이다. 하지만 용서받았으니 용서하라는 책무가 아니라 용서받은 자의 감동과 감사에서 우러나오는 능동적 선택이자 순종이다. 그러므로 이 부담은 강제가 아닌 자발성에 근거한다. 용서받은 우리는 용서받은 자들의 삶의 양식이다. 용서는 우리에게 주어진 거룩한 부르심이며 성취해야 할 사명이다. 단순히 관계 회복을 위한 처세나 기술 이상이며 윤리적 덕목이나 좋은 품성 그 이상이다. 용서는 해야 하는 의무이기 전에 하고 싶은 감화이다. 단지 죄로 오염된 우리의 의지가 쉽게 받아들이지 못하고 순종하지 못하는 어려움이 있을 뿐이다. 이를 위해 하나님은 성령을 통해 우리에게 끊임없이 도전하고 감화하신다. 우리에게 필요한 것은 **성령의 충만이며 순종하는 용기**이다. 성령이 감화하셔도 우리가 순종하지 않으면 용서는 이루어지지 않는다. 용서를 위해 우리에게 요구되는 것은 성령의 감화와 감동하심에 순종하는 것이다. 이는 용서 교육에서 꼭 붙들고 있어야 하는 지점이다.

용서는 관계의 개념이다. 혼자 용서받고, 혼자 용서할 수는 없다. 나는 주님과의 관계 속에서 주님으로부터 용서를 받고, 용서받은 나는 용서가 필요한 너와의 관계 속에서 용서를 실천한다. "용서받은 나, 사랑하는 우리"라는 교육주제에는 관계 속에서 역사하는 역동적이고 통전적인 용서의 복음이 잘 담겨있다. 특히 "사랑하는 우리"는 용서의 사랑을 받은 공동체가 그 사랑을 실천하며 살아간다는 의미를 함축한다. 용서받은 내가 용서해야 한다는 점에서 '우리'는 용서의 주체이자 대상이며 동시에 용서가 이루어지는 현장이다. 이처럼 복음에서 말하는 용서는 **나를 넘어 우리로 확산하는 관계적 역동성**을 지닌다. **복음 안에서 경험한 용서는 개인적인 경험을 넘어, 공동체적·사회적 역동성으로, 더 나아가 하나님 나라를 세워가는 원동력으로 작용**한다. 결국 용서의 사랑을 받은 우리는 그 사랑을 삶 속에서 실천하며 살아가야 하는 것이다. 주님으로부터 용서받은 내가 모여 우리가 되고 교회가 되고 하나님 나라를 이루어가는 사명 공동체가 된다. 용서는 인류를 향한 하나님의 복음이며, 창조 세계를 향한 하나님의 선포이다. 이 엄청난 일이 용서받는 나로부터 시작된다는 것은 실로 가슴 뛰는 일이고 놀라운 복음의 역사이다. 용서하므로 하나님 나라를 세워가는 일은 교회교육에서 끊임없이 부딪히며 풀어가야 할 관점이다. 교회에서 용서가 일어나도록 하는 일은 교회 지도자들에게 주어진 책무이고, 교회를 포함한 우리 삶의 현장이 용서의 현장이 되도록 하는 일은 교회교육이 감당해야 할 과제라 할 수 있다.

우리, 사랑의 자리

교회교육에서 용서라는 문제를 다루기 위해서 용서가 펼쳐지는 장에 대한 이해가 필요하다. 필자는 앞선 총회주제 해설집에서 용서교육의 현장들에 대한 일반적인 내용을 간략하게 언급한 적이 있다. 본 글에서는 "사랑하는 우리"라는 주제문에 담겨있는 용서의 현장에 대한, 보다 구체적인 제안을 하고자 한다. 용서는 개인적인 은혜의 경험이면서 우리 속에서 함께 나누고 공유해야 할 은혜이다. 여기서 '우리'는 우리가 용서를 공유하고 나누며 하나님 나라를 세워가야 할 삶의 자리이다. 우리가 용서의 경험을 공유해야 할 삶의 자리는 다양하다. 하나님을 떠난 문명은 겉보기에 화려하고 편리하고 풍성하고 재미있는 것으로 가득차 보인다. 하지만 그 내면과 이면을 보면 폭력과 약탈(창세기 4장 라멕), 혼돈과 갈등(창세기 11장 바벨탑), 욕망과 배척(창세기 19장 소돔과 고모라)으로 채워져 있음을 알 수 있다.

　우리가 몸담고 살고 있는 세상 역시 4차 산업혁명이 가져다준 편리함과 현란한 기술에 취해 살지만, 갈등과 충돌의 골이 점점 더 깊어가는 양극화, 상대적 박탈감으로 인한 분노와 좌절이 심화되고 있다. 증오와 분노, 반목과 적대, 분열과 갈등, 대립과 단절의 문제 역시 우리 사회에 불안을 더해갈 뿐만 아니라 세계는 신자유주의로 인한 무한 경쟁을 넘어 이제 약육강식의 논리가 지배하는 자국우선주의라는 극단적 집단이기주의로 치닫고 있다. 세계화라는 이름으로 활짝 열었던 국경을 걸어 잠그고 있고, 다문화가정에 대한 경계와 무시, 차별과 억압이 행해지면서 마음에 상처를 쌓아가고 있다. 하나님을 떠난 사람들은 상처를 주고받으며 산다. 사람들뿐만 아니라 국가와 집단 간에 다양한 형태의 공격과 경쟁으로 상처를 주고받는다. 사람들은 자연을 착취하고 자연은 이상기후로 사람을 공격한다. 이처럼 우리 삶은 하나님 나라의 샬롬과는 점점 더 거리가 멀어지고, 그만큼 용서의 복음은 절실하다. 용서의 복음은 상처받고 깨어진 세상의 희망이다. 용서받아 하나님 나라의 일꾼으로 부름 받은 우리는 용서의 복음으로 세상을 치유하고 회복하는 일에 부름을 받은 사명자이다.

　좀 더 구체적으로 **사랑의 현장이 되어야 할 곳은 개인으로부터 지역사회, 국가, 세계에 걸쳐 펼쳐지는 우리 삶의 전 영역**이다. 그중에서도 개인, 가정, 교회, 일터, 지역사회는 용서를 통하여 하나님 나라의 샬롬을 구현해야 할 터전이다. 우리 각 **개인**은 관계적 존재이기에 수많은 관계를 맺으며 살아간다. 그리고 용서받고 용서해야 할 상황과 맞닥뜨린다. 우리는 주님으로부터 용서받으므로 하나님 나라를 맛보고, 누군가를 용서하므로 하나님 나라를 세워간다. 내가 잘못했을 때, "내가 잘못했어. 미안해 사과할게"하므로 용서는 시작되고, "괜찮아 그럴수도 있지. 이해해. 앞으로 서로 잘 지내도록 더 노력하자"하므로 하나님 나라를 경험한다.

가정도 용서의 현장이다. 부부 간에, 부모와 자녀 간에, 형제 간에도 용서는 필요하다. 가족 간에도 우리는 알게 모르게 서로에게 상처를 주고받는다. 용서의 복음은 가정을 하나님 나라로 만들어 가는 하나님의 복음이다. 그래서 가족 간에도 사과가 필요하고 용서가 필요하다.

교회는 당연히 용서의 복음은 배우는 곳이며 또한 용서가 실현되어야 하는 곳이다. 교인 간의 갈등, 교회 간의 갈등은 우리 믿음에 치명적인 상처를 남긴다. 용서의 복음으로 해결하지 못할 때, 갈등은 다툼이 되고, 다툼은 반목과 질시가 되고, 급기야 재판의 자리까지 가게 된다. 교회 내 갈등으로 인한 재판의 건수가 줄어들지 않고 있는 것은 참 부끄럽고, 주님 앞에 고개를 들 수 없는 일이다. 용서를 통한 화해는 교회를 살리고 회복하는 주님의 손길이다.

일터에서 우리는 많은 상처를 주고받는다. 상하 간에 동료 간에 서로 간의 이해관계가 첨예하게 대립하는 곳이 일터이다. 선의의 양보가 손해가 되고 희생이 되는 곳이 일터이기도 하다. 그래서 더 치열한 견제와 경쟁으로 상처를 주고받는다. 우리의 신앙에서 일터는 생계와 성취를 위한 곳이기도 하지만 동시에 주님께서 부르신 곳이며, 우리의 직업 또한 주님에 맡기신 소명이다. 내가 받은 용서의 은혜를 나누어야 할 곳이며, 내가 경험한 용서의 복음으로 살아야 할 곳이다.

사회 역시 용서의 복음이 절실하게 요청된다. 사회는 그리스도인의 삶의 터전이며, 지역사회는 교회가 속한 공동체이다. 우리가 몸담고 있는 사회는 평온한 것 같으면서도 곳곳에서 다양한 형태의 분열과 갈등으로 몸살을 앓고 있다. 지역 이기주의, 빈부 격차, 각종 차별, 다문화; 세대갈등, 불특정 다수를 향한 묻지마 폭행, 폭력적 방식의 분노표출,

보수-진보의 대립, 다양한 인재의 발생, 노사대립 등 분열과 갈등을 일으키는 사유도 다양하다. 그리스도인과 교회는 주님으로부터 화평케 하는 자의 사명을 받았다. 교회는 용서와 화해의 복음으로 사회를 섬겨야 사명이 있다.

용서의 프롤로그

사과 없는 용서가 가능할까? 베드로는 오순절 설교에서 설교를 듣고 마음에 찔림을 받아 "형제들아 우리가 어찌할꼬"라는 유대인들에게 이렇게 도전한다. "베드로가 이르되 너희가 회개하여 각각 예수 그리스도의 이름으로 세례를 받고 죄 사함을 받으라 그리하면 성령의 선물을 받으리니"(행 2:38). 문맥상 용서 이전에 회개를 말하고 있다. 이 구절은 37절에서 유대인들이 찔림을 받은 후에 주어진 말씀이다. 이는 회개가 먼저이고 죄 사함이 그다음이라는 순서적인 의미보다는 **회개-죄사함-성령의 은혜**는 논리적 순서일 뿐 우리 안에 일어나는 **동시적 사건**이라 할 수 있다. 주님과 우리의 관계에서 우리가 **용서받는 경험은 회개와 죄 사함의 동시적 사건**이다. 그렇다면 인간관계에서 우리가 실천해야 하는 용서는 무엇인가? 그것은 상대방의 사과를 전제로 하는 용서인가? 쉽게 답하기 참 예민하고 어려운 질문이다. 우리는 회복적 정의 운동에서 도움을 받을 수 있다. 회복적 정의는 가해자와 피해자가 발생했을 때, 가해자에 대한 처벌이 아니라 피해자의 회복에 중점을 둔다. 이를 통해 피해자가 자발적으로 용서에 나설 수 있는 마음의 공간을 찾는 것이다. 이런 점에서 용서는 주님으로부터 용서받는 자의 능동적 행위이다. 따라서 용서받는 자에게 있어서 용서나 사과는 주님의 샬롬을 실현하려는 능동적 행위이다. 성령의 역사 안에서는 사과가 용서를 부르기도 하지만 용서가 사과를 부르기도 한다. 무엇보다 먼저 용서받는 경험이 선행되어야 하며, 그다음에 사과가 이루어질 수도 있고 용서를 실천할 수도 있다. 이는 교회교육에서 결코 놓치지 말아야 할 핵심 지점이다.

용서의 에필로그

주님의 용서는 용서 자체가 목적이 아니다. 용서는 더 나은 삶을 향한 시작일 뿐이다. 이는 예수님의 선포에도 잘 나타난다. 예수님의 회개 선포는 죄 사함 이전에 하나님의 나라와 연결되어 있다. "때가 찼고 하나님의 나라가 가까이 왔으니 회개하고 복음을 믿으라"(막 1:15). 주님의 용서는 하나님 나라 백성을 세우는 과정이며, 하나님 나라를 세우기 위한 과정이라 할 수 있다. 용서는 단지 사과하고 화해하는 단계를 넘어 더 나은 관계로 나아가는 회복의 과정이다. **용서의 목적**은 하나님 나라의 회복이며 샬롬의 성취이다. 우리가 받는 용서를 통하여 우리가 속한 가정을, 교회를, 일터를 그리고 지역사회를 하나님 나라로 만들어가기를 원하신다. 용서받은 나는 하나님의 비밀병기가 되고, 용서하는 우리는 하나님 나라를 꿈꾸는 현장이 된다. "용서받은 나, 사랑하는 우리"라는 교육주제가 우리 삶의 깨어진 관계를 회복하는 것을 넘어 우리가 속한 가정과 우리가 섬기는 교회와 우리가 부름받은 일터와 우리가 더불어 살아가는 사회를 하나님 나라로 변화시켜 가는 깨우침이 되기를 소망한다.

마치면서

"용서, 사랑의 시작입니다"라는 주제는 하나님 나라로의 초대로, 사명의 깨우침이다. "용서받은 나, 사랑하는 우리"라는 교육주제는 나를 넘어 우리로 더 나아가 하나님 나라 건설을 위하여 나서는 **자발적이고 능동적인 용서의 사역자**를 길러내는 도전이다. 하나님은 우리를 용서하시고, 우리는 우리를 용서한다. 이것이 우리가 붙들어야 할 용서 교육의 방향이다. 이를 통해 용서의 복음이 용서받은 한 개인의 감격에 머무는 것이 아니라 가정으로, 교회로, 일터로, 지역사회로 퍼져나가 우리 삶의 현장에 하나님 나라를 건설하는 사랑의 역동성이 되기를 기대한다. 글을 마치며 주님께서 용서받은 나를 사랑하는 우리로 만들어 주시기를 소망한다.

Part 3
성서적 이해

1. '하나님 닮아가기'로서의 신앙과 삶
   : 용서와 사랑에 관한 구약 성경적 고찰
2. 용서, 사람을 보는 창
   : 복음서에 나타난 용서와 사랑
3. 용서, 생명과 복음의 문
   : 바울서신에 나타난 용서와 사랑

'하나님 닮아가기'로서의 신앙과 삶

'용서'와 '사랑'에 관한 구약성경적 고찰

하경택 교수
[장로회신학대학교, 구약학]

들어가며

제110회기 총회 교육주제가 "용서받은 나, 사랑하는 우리"(사 55:7, 엡 4:31-32)이다. 이 교육주제의 실행을 위해 '용서'와 '사랑'에 관한 구약성경적 이해를 제공하는 것이 이 글의 목적이다. 구약에서 '용서'와 '사랑'의 주제는 다양한 관점을 통해 고찰될 수 있다. 필자는 이 주제를 "하나님 닮아가기"(imitatio Dei)의 관점에서 다루고자 한다. 성경은 독자들에게 끊임없이 '하나님 닮아가기'의 삶을 보여주고 요구한다. 대표적으로 구약성경에는 "너희는 거룩하라 이는 나 여호와 너희 하나님이 거룩함이니라"(레 19:2)라는 하나님의 말씀이 있고, 신약성경에는 "그러므로 하늘에 계신 너희 아버지의 온전하심과 같이 너희도 온전하라"(마 5:48)라는 예수님의 말씀이 있다. 이처럼 하나님을 닮아가는 삶은 구약성경과 신약성경이 공통으로 증언하고 강조하는 바이다.[1] 따라서 그리스도인의 신앙과 삶은 '하나님 닮아가기'라고 말할 수

---

1) '하나님 닮아가기'로서의 삶에 관하여 필자의 졸고를 참조하라. 하경택, "'하나님 닮아가기'(imitatio Dei)로서의 정의 - 시편을 통해서 본 구약성서의 '정의' 신학," 「장신논단」 48/2 (2016. 6), 37-66; 동저자, "구약성경에 나타난 안식일 법 - '하나님 닮아가기(imitatio Dei)로서의 안식일 준수," Canon&Culture 28 (2020, 가을), 85-116.

있다.

'용서'와 '사랑'의 주제를 '하나님 닮아가기' 관점에서 다루기 위해 필자는 우선 '하나님의 속성'에 관한 본문들을 고찰할 것이다. 그런 후 그러한 하나님의 속성이 예언서에서 어떻게 관철되고 드러나는지 살펴보고자 한다. 예언서 본문 관찰은 이사야, 예레미야, 에스겔을 중심으로 이루어질 것이며, 책의 구조와 핵심 본문에 대한 분석을 통해 수행될 것이다. 이러한 본문 연구를 통해 하나님의 모습과 그리스도인들의 삶이 어떤 관계가 있는지 그리고 그것이 주는 의미가 무엇인지가 분명하게 드러나길 바란다.

'하나님의 속성'에 관한 본문들

출애굽기 34장 6~7절

이 본문은 금송아지 사건으로 첫 번째 돌판들을 깨뜨린 후 두 번째 돌판을 만들어 시내산에 오른 모세에게 나타나신 야훼 하나님의 모습을 보여준다. 야훼께서는 모세에게 자신의 이름을 계시하시며, 자신이 어떤 분이신가를 소개하신다.

| וַיַּעֲבֹר יְהוָה עַל־פָּנָיו וַיִּקְרָא
יְהוָה יְהוָה אֵל רַחוּם וְחַנּוּן
אֶרֶךְ אַפַּיִם וְרַב־חֶסֶד וֶאֱמֶת׃
נֹצֵר חֶסֶד לָאֲלָפִים
נֹשֵׂא עָוֹן וָפֶשַׁע וְחַטָּאָה
וְנַקֵּה לֹא יְנַקֶּה
פֹּקֵד עֲוֹן אָבוֹת עַל־בָּנִים
וְעַל־בְּנֵי בָנִים עַל־שִׁלֵּשִׁים וְעַל־רִבֵּעִים׃ | 야훼께서 모세의 앞으로 지나가시며 선포하셨다.
"야훼, 야훼, 자비롭고 은혜로우며,
진노가 더디고, 인애와 성실이 많은 하나님이다.
인애를 수천 대까지 간직하며,
죄악과 반역과 죄를 **용서하나,**
그것을 결코 면죄하지는 않으며,
아비들의 죄악을 자손들과
그 자손의 자손들 삼사 대까지 징벌할 것이다." |

여기에서 핵심은 '용서하시는' 하나님의 모습과 '징벌하시는' 하나님의 모습의 대조이다. 용서하시는 하나님의 모습은 수식어도 많고 기간도 길다. 자비롭고 은혜로우시며 진노가 더디고 인애와 성실이 많은 하나님이라고 소개하신다.² 인애, 곧 헤세드(חֶסֶד)를 수천 대까지 간직하시며 죄악과 반역, 죄를 용서하신다고 말씀하신다. 그러나 하나님은 죄에 대해서 아무런 대응을 하지 않으시는 분이 아니다. 범죄가 그냥 사라지는 것이 아니다. 죄에 대한 책임을 물으실 것이다. 아비들의 죄악이 삼사 대까지 이르도록 징벌하신다고 말씀하신다. 여기에서 조상의 죄가 삼사 대까지 대물림되는 것이 아닌가 하는 의문이 생길 수 있다. 이 자리에서 이 문제에 대해서 논쟁하는 것은 적절하지 않다. **중요한 것은 '용서하시는' 하나님과 '징벌하시는' 하나님의 대조에서 나타나는 신학적인 의미를 파악하는 일이다.** 하나님의 용서와 징벌 사이에는 큰 간격이 존재한다. 수천 대와 삼사 대는 비교할 수 없을 만큼 차이가 크다. 그만큼 하나님의 인애가 크다는 사실을 분명하게 보여준다. 이처럼 이 본문은 하나님은 용서의 하나님이시며, 인애와 은혜의 하나님임을 알게 한다.

민수기 14장 18절

이 본문은 출애굽기 34장 6~7절 본문과 매우 밀접한 관계를 가진다. 두 본문이 진멸 위기에 처한 이스라엘 백성을 위해 중보하는 모세의 모습을 보여준다. 전자는 금송아지를 만들었기 때문에 찾아온 위기이고, 후자는 하나님의 약속에 대한 불신앙 때문에 찾아온 위기였다.

---

2) '헤세드 베에메트'(חֶסֶד וֶאֱמֶת)는 구약성경에서 매우 자주 등장한다. 개역개정에서는 '인자와 진실', '인애와 성실', 때로는 '은혜와 진리'로 번역되기도 한다. 이것은 하나님의 행동에 대한 묘사뿐 아니라 사람에 대한 묘사에도 사용된다(하나님의 헤세드 베에메트를 나타내는 본문들: 출 34:6; 삼하 2:6; 15:20; 시 25:10; 61:8[7]; 85:11[10]; 86:15; 89:15; 사람의 헤세드 베에메트를 가리키는 본문들: 창 24:27, 49; 47:29; 수 2:14; 20:28). 이것은 새한글성경에서는 '한결같은 사랑과 진실' 또는 '한결같은 사랑과 참됨'으로 번역되어 있다. 본 글에서는 헤세드를 '인애'로, 에메트는 '성실'로 옮겼다.

민족 진멸의 위기에서 모세는 야훼 하나님의 속성을 근거로 자기 백성을 위해 간청한다.

יְהוָה אֶרֶךְ אַפַּיִם וְרַב־חֶסֶד נֹשֵׂא עָוֹן וָפָשַׁע וְנַקֵּה לֹא יְנַקֶּה פֹּקֵד עֲוֹן אָבוֹת עַל־בָּנִים עַל־שִׁלֵּשִׁים וְעַל־רִבֵּעִים׃	야훼는 진노가 더디고, 인애가 많으십니다. 죄악과 반역을 용서하시나, 그것을 결코 면죄하지는 않으며, 아비들의 죄악을 자손들 삼사 대까지 징벌하실 것이다.

이 본문은 출애굽기 34장 6~7절에 나오는 하나님의 자기소개를 축소된 형태로 재진술한다. 출애굽기 본문에서 굵은 글씨로 표시한 바와 같이 '자비롭고 은혜로우며' '인애를 수천 대까지 간직하며'라는 표현이 빠져있다. 징벌 부분에서도 '그 자손의 자손들'이라는 표현도 빠져 있다. 그 대신 모세는 하나님의 '인애의 광대하심을 따라' 이스라엘 백성의 죄악을 용서해 달라고 청원한다(9절). 용서하시는 하나님과 징벌하시는 하나님의 두 가지 모습 가운데 하나님의 광대하신 '인애'에 의지해 죄 용서를 구하는 것이다.

시편 103편 8절

시편 103편에서 시인은 하나님의 구원행동을 찬양한다. 그는 모든 죄악을 용서하시고 모든 병을 고치시는 분이며, 생명을 파멸에서 속량하시고 인애와 긍휼로 관을 씌우시는 분이라고 찬양한다(3-4절). 더 나아가 하나님은 좋은 것으로 자신의 소원을 만족하게 하시며 젊음을 독수리같이 새롭게 하신다고 말한다(5절). 발언 형식은 '너'라고 지칭하면서 2인칭 단수를 향하여 말하는 것이지만, 내용상으로는 자신의 '영혼', 즉 자신의 네페쉬(נֶפֶשׁ)에게 한 말이기 때문에 자신의 경험을 바탕으로 고백하는 하나님에 대한 찬양이다. 그러나 하나님의 구원행동은 죽음의 위협에서 벗어나게 하신 것에서 그치지 않는다. 그분은 압박 당하는 자를 위해 심판하시는 공의를 행하시는 분이시다(6절). 그러면서 그러한 일이 역사 속에서도 확인되었음을 증언하며, 모세에게 알리신 하나님의 속성을 인용한다(8절).

רַחוּם וְחַנּוּן יְהוָה אֶרֶךְ אַפַּיִם וְרַב־חָסֶד׃	야훼는 자비롭고 은혜로우며 진노가 더디고, 인애가 많으십니다.

시인은 출애굽기 34장 6~7절의 내용 가운데 **용서하시는 하나님의 모습만 부각되도록 하나님의 속성을 인용한다**. 짧지만 핵심적인 내용이 잘 드러나 있다. **이후에 진술되는 하나님의 행동은 하나님의 용서하심에 초점이 맞추어져 있다**. 하나님은 꾸짖으시는 행동을 계속하지 않으시고 (분노를) 영원히 품고 계시지 않는다(9절). 그분은 우리의 죄와 죄악 그대로 처벌하지 않으신다(10절). 왜냐하면 거기에는 하나님의 인애와 사랑이 있기 때문이다. 이것은 하나님의 '인애'가 얼마나 큰가를 증명한다. 그것은 하늘이 땅 위에 높은 것처럼 높다(11절). 그분의 용서 또한 크다. 동이 서에서 먼 것처럼 우리의 죄과를 멀리 옮기신다(12절). 이것은 다름 아닌 자식을 긍휼히 여기시는 아버지의 사랑이다(13절). 하나님은 우리의 체질을 아신다. 인간은 '먼지'일 뿐이다(14절). 또한 금방 피었다가 지는 풀이나 꽃과 같으며, 지나가면 흔적도 없이 사라지는 바람과 같다(15-16절). 그러나 그분의 '인애'는 영원부터 영원까지 이르고, 그분의 '의'(צְדָקָה)는 자손 대대로 이어진다(17절). 시인은 자신의 경험을 바탕으로 하나님의 '인애'가 얼마나 크고 놀라운가를 감동적으로 선포한다.

요나 4장 2b절

이 본문은 요나의 기도 내용이다. 요나는 하나님이 주신 사명을 거부하고 다시스로 도망한다. 하지만 하나님은 요나가 탄 배가 풍랑을 만나게 하시고, 바다에 던져진 그를 물고기를 통해 구원하신다. 하나님의 심판과 구원을 경험한 요나는 어쩔 수 없이 니느웨에 가서 하나님이 주신 말씀을 전한다. 그러나 그가 전한 "사십 일이 지나면 니느웨가 무너지리라"(욘 3:4)는 한 문장의 예언은 니느웨 성읍 전체를 하나님께로 돌이키게 한다. 왕으로부터 짐승에 이르기까지 굵은 베옷을 입고 '혹시'의 가능성을 가지고 하나님께 부르짖었다. 그러자 하나님께서도 그들이 악한 길로부터 '돌이킴'을 보시고 뜻을 돌이켜 내리시려는 재앙을 내리지 않으셨다. 이때 요나가 보인 반응을 요나서 4장 1~3절이 보도한다. 그는 그러한 상황이 매우 언짢았고, 그에게 화가 치밀어 올랐다. 그래서 그는 야훼께 기도한다. 그러면서 자신이 다시스로 도망한 이유에 대해서 말한다.

כִּי יָדַעְתִּי כִּי אַתָּה אֵל־חַנּוּן וְרַחוּם אֶרֶךְ אַפַּיִם וְרַב־חֶסֶד וְנִחָם עַל־הָרָעָה׃	참으로 내가 알았나이다. 참으로 당신은 자비롭고 은혜로우신 하나님이시며, 진노가 더디고, 인애가 많으시며, 재앙에 대해 뜻을 돌이키시는 분이시라는 사실을.

이때 요나는 자신이 알고 있는 하나님에 대해서 말한다. 하나님은 자비롭고 은혜로우신 하나님이며 진노가 더디고 인애가 많으신 분이라는 것이다. 이것은 모세에 대한 자기 계시 이후 계속해서 동일하게 반복되는 하나님 속성의 전통을 보여준다. **이러한 이해에 따르면 하나님은 니느웨에 내리시기로 작정하신 재앙에 대해서도 뜻을 돌이키실 수 있는 분이시다.** 요나는 이러한 사실을 알고 있었기 때문에 니느웨에 하나님의 말씀을 선포하기를 거부했던 것이다. **요나에게는 하나님의**

인애를 통해서 원수의 나라가 용서받고 생존을 지속하는 것이 죽기보다도 싫을 만큼 원하지 않는 일이었다(3절). 하나님이 박넝쿨 때문에 성내는 것이 옳으냐 물으실 때에도 요나는 동일한 답변을 한다. 성내어 죽기까지 해도 자신의 분노가 정당하다고(9절). 이렇게 자기중심적이고 편협한 민족주의 입장을 가진 요나에게 하나님은 말씀하신다. "하룻밤에 났다가 하룻밤에 말라버린 이 박넝쿨을 아꼈거든 하물며 이 큰 성읍 니느웨에는 좌우를 분변하지 못하는 자가 십이만여 명이요 가축도 많이 있나니 내가 어찌 아끼지 아니하겠느냐"(10-11절). 하나님은 이스라엘만 사랑하시는 것이 아니다. 이방나라뿐 아니라 그 나라의 가축까지도 사랑하신다. 모든 생명의 참 주인이신 것이다. 하나님의 사람은 하나님의 속성만 아니라 하나님의 마음까지 아는 사람이어야 했다.

나훔 1장 2~3절

이 본문은 나훔서 개시부이다. 나훔서는 야훼 하나님의 속성에 대한 외침으로 시작한다. 이를 통해 나훔은 야훼가 어떤 분이신가를 똑똑히 보여준다.

אֵל קַנּוֹא וְנֹקֵם יְהוָה	하나님은 질투하시며 야훼는 보복하신다.
נֹקֵם יְהוָה וּבַעַל חֵמָה	야훼는 보복하시며 분노가 크시다.
נֹקֵם יְהוָה לְצָרָיו	야훼는 그의 대적들에게 보복하신다.
וְנוֹטֵר הוּא לְאֹיְבָיו׃	그는 자신의 원수들을 위해 (분노를) 간직하신다.
יְהוָה אֶרֶךְ אַפַּיִם וּגְדָל־כֹּחַ	**야훼는 진노가 더디고, 권능이 크시다.**
וְנַקֵּה לֹא יְנַקֶּה יְהוָה	**야훼는 결코 면죄하지 않으신다.**
בְּסוּפָה וּבִשְׂעָרָה דַּרְכּוֹ	그의 길은 회오리바람과 광풍에 있고,
וְעָנָן אֲבַק רַגְלָיו׃	구름은 그의 발의 티끌이다.

나훔은 야훼께서 질투하시며 보복하시는 분이심을 알려준다. 그러

나 3절 전반부에 나와 있듯이 야훼는 진노가 더디고 권능이 크신 분이시다. 하나님은 질투하시며 보복하시는 분이지만 쉽게 화내시거나 근거 없는 행동을 하시는 분이 아니시다는 말이다. 그럼에도 불구하고 질투와 보복은 그동안 강조되지 않던 하나님의 속성이다. 이것은 나훔의 예언 상황에서 니느웨에 대한 심판이 얼마나 절박한 문제였던가를 암시한다. 아시리아의 수도 니느웨는 아시리아만큼 패권국가의 수도로서 위세를 떨치던 곳이었다. 그러한 아시리아의 모습이 미가 5장 5절에서 언급되는 '앗수르'를 통해 알 수 있다. 이러한 니느웨에 대한 심판 예언에는 야훼 하나님의 크신 권능과 강력한 심판 의지가 매우 중요했다. 이것은 시편 103편이나 요나서의 상황과 매우 다른 모습이다. 이를 통해 알 수 있는 것은 화자, 즉 시인이나 예언자의 상황에 따라 하나님의 속성이 달리 강조된다는 사실이다. 용서하시는 하나님과 징벌하시는 하나님의 두 가지 모습 중에서 징벌하시는 하나님이 부각되고 있는 것이다. 그러나 이것은 달리 생각하면 다른 관점을 가질 수 있다. 질투하시며 보복하시는 하나님은 이스라엘 편에서 보면 구원의 하나님이시며, 원수들에 대한 권능이 크신 분이시다. 그래서 이후 진술에서는 바다와 강을 말리시며 산들을 진동시키는 창조주로서 하나님의 모습이 그려진다.

예언서에 나타난 하나님의 속성: 분노를 이기는 하나님의 인애

'후기예언서'라고 불려지는 책들은 모두 특정한 개인 이름으로 명명되어 있다.[3] 그러한 의미에서 책 이름은 사람 이름이기도 하다. 하지만 그 사람의 이름으로 명명된 예언서들이 해당 예언자에 의해서 직접

---

3) '후기예언서'라는 말은 히브리어 성경에 기초한 구분법에서 생겨난 명칭이다. 히브리어 성경은 율법서와 예언서와 성문서로 삼분되는데, 율법서는 5권의 책(창, 출, 레, 민, 신)을 포함하고, 예언서는 각각 4권으로 구성된 전기예언서(수, 삿, 사무엘, 열왕기)와 후기예언서(사, 렘, 겔, 12소예언서)로 구분된다. 율법서와 예언서에 포함되지 않은 11권의 책들(시, 욥, 잠, 룻, 아, 전, 애, 더, 단, 스-느, 역대기)이 성문서에 모아져 있다.

기록되거나 완성된 경우는 하나도 없다는 것이 일반적인 평가다.[4] 복음서가 예수님의 말씀과 행적에 대한 기록이지만 모두 직간접적으로 경험한 제자(집단)에 의해서 기록된 것처럼 말이다. 대부분 짧은 형태로 되어있던 예언자들의 말들이 모아져 큰 단위의 합성물이 되고 그것이 전달되는 과정에서 보충되고 개정되며 변화된 상황에 맞게 해석되어 현재의 모습을 지니게 되었다. 이러한 예언서의 형성 과정을 '연속 쓰기'(Fortschreibung)라고 표현할 수 있다.[5] 마치 **이어달리기하듯 전승(예언)자들이 예언자의 전승을 이어받아 해당 예언자의 정신과 전통을 살려 새로운 시대에 적응하고 적용하며 종착지점인 현재의 모습까지 도달한 것이다.** 따라서 예언서를 연구할 때는 예언자 개인의 역사적 상황에 초점을 맞추기보다는 최종 완성된 형태로써 예언서의 모습이 무엇인가를 살피는가가 무엇보다 중요하다. 왜냐하면 최종 완성된 본문의 맥락에서 해당 예언서의 신학과 메시지가 궁극적으로 드러나기 때문이다.

이사야서의 구조와 메시지

이사야서의 구조는 단순하지 않다. 기본적으로 세 가지 시대로 구별된 역사적 상황에서 선포된 예언의 말씀이 모아져 있다. 주전 8세기의 상황(1-39장)과 포로기 끝 무렵인 6세기 후반의 상황(40-55장)과 포로기 이후의 상황(56-66장)을 전제로 하는 예언의 말씀들로 구분할 수 있다. 그리고 이사야서 첫 번째 부분은 6가지 세부적인 단락으로 나눌 수 있다.

---

4) 1인칭 시점의 서술이 대부분을 차지하고 있는 에스겔서는 예외가 될 수 있다(아래 설명 참조).

5) R. Rendtorff, 하경택 옮김, 『구약정경개론』 (서울: CLC, 2020), 289, 409; E. Zenger, 이종한 옮김, 『구약성경개론』 (왜관: 분도출판사, 2012), 725-728.

범위	주요내용
1-2:5	표제어: 이사야의 계시/환상 (하존, חזון, vision)
2:6-12장	유다와 예루살렘에 관해 이사야 본 말씀 (다바르, דבר, word)
13-23장	열방예언
24-27장	이사야의 묵시록
28-33장	이스라엘과 유다에 관한 말씀: "화로다" 외침이 특징
34-35장	소묵시록
36-39장	산헤립의 침공과 예루살렘의 구원 (참조, 왕하 18:13-20:19)
40-55장	바벨론 포로민들에 대한 위로의 말씀
56-66장	바벨론 포로 이후 구원시대에 대한 예언

여기에서 알 수 있는 것은 **이사야서가 기본적으로 심판과 구원의 큰 틀로 구분된다는 사실이다**. 주전 8세기 이사야가 선포한 핵심 메시지는 하나님의 '아들들'인 이스라엘이 자신을 양육하신 하나님을 거역했다는 것이다(1:2). 양육자이신 하나님을 버리고 이스라엘의 거룩하신 이를 만홀히 여기고 멀리했다는 것이다(1:4). 이러한 범죄의 대가는 심판이었다. 하나님은 이집트 하수의 파리와 아시리아 땅의 벌을 불러 심판하신다(7:18-20). 이뿐 아니라 바벨론으로 하여금 유다를 심판하게 하신다(39:6-7). **그러나 하나님의 행동은 심판으로 끝나지 않는다**. 낙심하고 낙망한 자신의 백성에게 위로와 회복의 말씀을 전하게 하신다(40-55장). 이사야서의 둘째 부분이 시작되는 곳에서 내 백성을 위로하라 하시며, "그 노역의 때가 끝났고 그 죄악이 사함을 받았느니라. 그의 모든 죄로 말미암아 여호와의 손에서 벌을 배나 받았느니라"(40:2)고 말씀하신다. 이스라엘이 "벌을 배나 받았다"는 말씀에서 하나님의 깊은 인애를 느낄 수 있다. 당연히 받아야 할 징벌이었으나 배나 받았다고 할 만큼 혹독한 징벌이었다는 점을 인정하시며 이스라엘 백성의 징벌 고통에 공감하시며 안타까워 하시는 하나님의 모습을 엿볼 수 있다. 바벨론 포로기 끝나고 귀환한 이후에도 위기가 있지만 하나님의 열심은 새창조의 역사로 이어진다. '새 하늘과 새 땅'을 창조하실 것에 대한 약속(55:17, 66:22)을 통해 궁극적으로 이루실 하나님의 구원을 보

게 하신다.

이러한 이사야서의 구성을 통해 전달되는 메시지 외에도 구체적인 본문을 통해서도 하나님의 분노를 이기는 인애를 확인할 수 있다. 이사야 54장은 여성으로 의인화된 예루살렘에게 주신 위로의 말씀이다. 시온을 향하여 "너를 지으신 이가 네 남편이시라. 그의 이름은 만군의 여호와이시며 네 구속자는 이스라엘의 거룩한 이시라"(54:5)는 말씀이 주어진 후 다음과 같은 말씀으로 위로하신다(7-8절).

בְּרֶגַע קָטֹן עֲזַבְתִּיךְ וּבְרַחֲמִים גְּדֹלִים אֲקַבְּצֵךְ׃ בְּשֶׁצֶף קֶצֶף הִסְתַּרְתִּי פָנַי רֶגַע מִמֵּךְ וּבְחֶסֶד עוֹלָם רִחַמְתִּיךְ אָמַר גֹּאֲלֵךְ יְהוָה׃	내가 아주 잠깐 너를 버렸으나, **내가 큰 긍휼로 너를 모을 것이다.** 분노가 넘쳐 내가 내 얼굴을 네게서 잠시 감추었으나, **내가 영원한 인애로 네게 긍휼을 베풀 것이다.** 네 구속자 야훼께서 말씀하셨다.

여기에서 '아주 잠깐'(רֶגַע קָטֹן)과 '영원한'(עוֹלָם)이라는 두 가지 수식어가 대조를 이룬다. 하나님이 이스라엘을 버리신 것은 '아주 잠깐'이지만, 하나님이 이스라엘에게 긍휼을 베푸시는 것은 '영원한 인애'(עוֹלָם חֶסֶד)로 하실 것이라고 말씀하신다. 하나님이 이스라엘을 향하신 그의 '인애', '자비', '긍휼', '사랑'이 얼마나 크신가를 잘 보여준다. 하나님의 구원 행동에는 항상 이러한 하나님의 인애와 사랑이 있다(참조, 43:4; 49:15). 하나님은 이러한 인애와 사랑을 언약의 말씀으로 확증하신다. "산들이 떠나고 언덕들이 흔들릴지라도 나의 인애(חַסְדִּי)는 네게서 떠나지 않으며 내 샬롬의 언약(בְּרִית שְׁלוֹמִי)은 흔들리지 않을 것이다"(10절). 하나님은 노아와 맺은 언약을 떠올리며 자신의 언약이 변하지 않을 것임을 약속하신다. 하나님의 인애가 분노를 이기고 끝내 흔들리지 않는 하나님의 샬롬 언약이 성취될 것을 보여주신다.

이사야 43장 25절에서는 하나님의 용서가 근본적으로 인간의 행동이 아니라 하나님의 자유로운 은혜에 기초하고 있음을 분명하게 밝힌다.

אָנֹכִי אָנֹכִי הוּא מֹחֶה פְשָׁעֶיךָ לְמַעֲנִי וְחַטֹּאתֶיךָ לֹא אֶזְכֹּר׃	나 곧 나는 **나를 위해** 네 허물들을 도말하는 자이다. 나는 네 죄들을 기억하지 않을 것이다.

예레미야서의 구조와 메시지

예레미야서도 단순하지 않다. 그러나 이사야서처럼 완전히 다른 시대를 상정해야 하는 역사적 정황은 나타나지 않는다. 예레미야서는 예언서 가운데 예언자 개인의 내면과 개인적 성향이 가장 뚜렷하게 드러나는 책이다. 예레미야서의 서술 양식이 크게 두 개의 부분으로 구분된다. 예언자가 선포한 말이 중심을 이루는 부분(1-25장)과 예언자의 삶에 대한 보도(26-45장)가 중심을 이루는 부분으로 나뉜다.[6] 그 이후로 열방 예언과 역사 부록이 이어진다.

범위	주요내용
1장	예레미야의 소명
2-25장	예언자가 전한 말씀(1인칭 서술)
26-45장	예언자의 생애와 활동에 대한 기록(2인칭 서술)
46-51장	열방예언(25:15-38의 상세한 예언)
52장	역사 부록(왕하 24:18-25:30)

그러나 예레미야서는 다른 관점의 구조분석이 가능하다. 주제 중심으로 구조를 파악하면 '하나님 백성의 구원'(30-35장)이라는 주제가 책의 중심에 있음을 알 수 있다.[7]

---

6) R. Rendtorff, 『구약정경개론』 355-356.

7) 박동현, 『구약성경개관』(개정증보판) (서울: 장로회신학대학교출판부, 2002), 118.

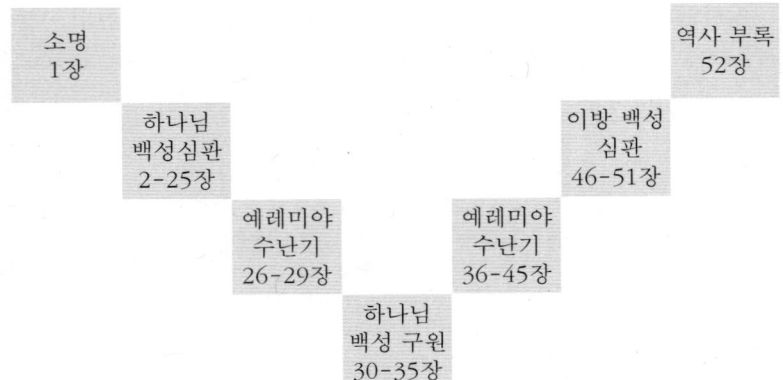

이러한 책의 구성은 하나님의 백성에 대한 구원 의지가 그 중심에 있다는 하나님의 마음을 대변한다. 하나님의 구원 예언이 모아져 있는 30~35장 가운데서도 특별히 30~31장은 '위로의 책'(Trostschrift)이라고 불리며, 31장 31~34절에 있는 '새 언약' 말씀에서 그 절정을 이룬다. 하나님은 이스라엘과 맺은 언약 관계의 시작을 출애굽에서 찾는다. 이스라엘 백성은 광야에서 은혜를 입었다(31:2). 그때 하나님은 이스라엘을 '영원한 사랑'으로 사랑하셨고, 그래서 하나님은 이스라엘을 '인애'로 이끄셨다(31:3). **이 영원한 사랑은 이제 '새 언약'에 대한 약속으로 나타난다.** 이스라엘은 출애굽을 통해 맺은 언약을 깨뜨렸다(31:32). 남편을 버리고 떠난 여인처럼 이스라엘은 하나님을 배반했다. 그러나 하나님은 새롭게 관계를 회복하신다. 이제 하나님의 토라, 즉 그의 법을 그들의 마음에 기록하여 "나는 그들의 하나님이 되고 그들은 내 백성이" 되는 언약 관계가 회복될 것이라고 말씀하신다 (31:33). 이때 사람들은 더 이상 야훼를 알라고 말할 필요가 없게 된다. 작은 자로부터 큰 자에 이르기까지 하나님이 누구이신가를 알기 때문이다. 그런데 새 언약의 내용은 여기에서 그치지 않는다. **하나님은 그들의 악행을 사하시고 다시는 그들의 죄를 기억하지 않을 것이라고 말**

쓺하신다(31:34). 여기에는 이스라엘의 회개나 어떤 행동도 전제되어 있지 않다. 하나님의 무조건적인 용서가 약속되고 있는 것이다. 그래서 발터 그로스(W. Groß)는 이러한 '새 언약'을 '순전한 은혜 언약'(reine Gnaden-Berit)이라고 명명하기도 하였다.[8]

이러한 '새 언약' 약속은 하나님의 속성을 그대로 드러내는 것이다. 아무리 이스라엘이 배반하고 반역해도 결국 하나님은 '맹렬한 분노'를 '불타오르는 긍휼'로 이기시고 자신의 언약을 성취하신다(참조, 렘 31:3, 20; 호 11:8-9). 그래서 '새 언약'은 다음과 같이 풀어서 말할 수 있다. '새 언약'은 '끊을 수 없는' 언약, '파기되지 않는' 언약, '새롭게 갱신되는' 언약, '분노를 이기는' 언약, 그리고 '영원한 사랑'의 언약이다.

에스겔서의 구조와 메시지

에스겔서가 보여주는 중요한 특징들이 있다.[9] 책 전체가 두 곳(1:3, 24:24)을 제외하면 예언자의 일인칭 보도이다. 이러한 예언자의 일인칭 보도는 14회 시기에 대한 언급을 통해 분명하게 드러난다(1:1-2, 3:16, 8:1, 20:1, 24:1, 26:1, 29:1, 17, 30:20, 31:1, 32:1, 17, 33:21, 40:1). 이러한 연대기적 배열은 에스겔서의 전기적 성격과 시대 예속성을 잘 드러나게 한다. 그러나 에스겔서의 가장 큰 특징은 무엇보다 소명 보도와 환상 보도가 주도한다는 점이다(1-3장, 8-11장, 33:1-9, 37:1-14, 40-48장). 이 소명 보도와 환상 보도는 에스겔서의 기본 틀을 형성한다. 이러한 기본 틀 위에 메시지를 중심으로 에스겔서를 분석하면 다음과 같다.[10]

---

8) E. Zenger, 『구약성경개론』 819.

9) E. Zenger, 『구약성경개론』 847-848.

10) 박동현, 『구약성경개관』 126.

1-32장 심판의 말씀		33-48장 구원의 말씀	
1-24장	25-32장	33장-39장	40-48장
유다 심판	열방 심판	유다 구원과 회복	새 성전, 새 나라

에스겔서는 위에서 보는 바와 같이 심판과 구원의 명확한 대조를 보여준다. 이러한 구조에서 결정적인 역할을 하는 것이 33장이다. 여기에는 새로운 소명 보도(1-9절)와 함께 예루살렘 함락 소식(21-22절)이 있다. 예루살렘 함락 소식이 전달된 이후 에스겔의 예언은 구원과 회복을 약속하는 내용으로 급격하게 전환된다.

이스라엘의 회복에 대해서 가장 분명한 그림을 보여주는 본문이 36장 16~38절이다. 여기에서 포로로 잡혀간 자들에 대한 귀환과 회복이 약속된다. 먼저 16~21절에서 역사 회고와 함께 구원 행동의 동인이 소개된다. 하나님은 약속의 땅을 더럽힌 이스라엘의 행동을 열방에 흩으심으로 심판하셨다. 하지만 그러한 '흩으심'은 하나님의 거룩한 이름이 더럽혀지는 결과로 나타났다. 하나님은 더럽혀진 자신의 이름을 '아끼신다'(חמל). 그래서 구원 행동에 나설 것을 선언하신다(22-23절). 그것은 이스라엘을 위함이 아니라고 단언하신다. 그것은 순전히 더럽혀진 자신의 이름을 거룩하게 하기 위함이다. 그렇다면 하나님의 구원 행동의 내용은 무엇인가? **그것은 귀환과 새 창조로 요약된다**(24-28절). 하나님은 흩어진 나라들로부터 이스라엘 백성을 모아 고국으로 데려오실 것이다. 그리고 깨끗한 물로 그들을 씻기실 것이다. **그런 후 '새 영'과 '새 마음'을 주어 그들을 새롭게 하실 것이다.** 돌과 같은 마음을 없애고 살과 같은 마음으로 바꾸어주실 것이다. 그러나 이것으로 그치지 않는다. **그들 속에 '나의 영'**(רוחי)**을 두어 하나님의 법을 지키게 하실 것이다.** 이러한 과정을 통해 하나님과의 언약 관계가 회복될 것이다(28절). 이러한 언약의 회복은 땅의 회복(29-30절, 33-36절)과 회개

(31-32절)의 결과로 나타난다. 여기에서 주목할 것은 회복을 경험한 후 이스라엘이 보일 반응이다. **그들은 자신들의 죄악을 기억하고 부끄러워할 것이다**(겔 6:8-10, 16:60-63, 20:40-44). 이러한 과정에서 야훼는 이스라엘에게 부끄러워하고 수치스러워하라고 명령하신다. 왜냐하면 그러한 회복이 이스라엘을 위한 것이 아니기 때문이다(32절). 이러한 말씀을 통해 우리는 두 가지 사실을 깨닫게 된다. **하나는 이스라엘의 구원이 그들의 행동의 결과로 이루어진 것이 아니라는 것이고, 다른 하나는 진정한 회개는 은혜를 깨달은 뒤에야 비로소 이루어진다는 사실이다.**

에스겔서에도 분명한 것은 하나님의 구원과 회복은 은혜라는 것이다. 회개나 순종의 결과가 아니라 하나님의 결심에 따른 것이다. 하지만 여기에서도 자신의 백성에 대한 하나님의 사랑을 느낄 수 있다. 자기 백성이 열방에 '흩어짐'은 하나님의 명예를 손상시키는 일이었고, 회복을 통해 이루어지는 '영원한 언약'(בְּרִית עוֹלָם)은 어렸을 때 맺은 언약에 대한 기억을 기초로 하기 때문이다(16:60, 37:26).

마치면서

지금까지 구약성경에서 보여주는 '용서'와 '사랑'의 주제가 어떻게 고찰될 수 있는지를 살펴보았다. 위에서 다루어진 본문에서는 '용서'와 '사랑'이라는 표현이 자주 나타나지 않는다. 그 대신 하나님의 '인애', 곧 헤세드(חֶסֶד)가 주도어(Leitwort)로서 매우 자주 등장한다. 하지만 하나님의 인애는 많은 동일계열의 낱말들을 가지고 있다. 그것이 '긍휼', '성실', '신실', '사랑'이다. 따라서 이 낱말들은 '인애'와 마찬가지로 하나님의 성품을 나타내는 표현으로 기능한다. 얼마든지 대체 가능하다. 여기에 '정의'와 '공의'가 포함될 수 있다.[11] 여기에 대항하는

---

11) 하나님의 (언약적) '신실성'을 보여주는 사랑과 구원의 행동으로서의 '정의'에 관하여 필자의 졸

낱말로 등장하는 것이 '분노'였다. 하나님은 진노가 더디고, 인애와 성실이 많으신(출 34:6) 분이다. 이것을 다른 말로 바꾸면, 하나님은 진노를 이기시고 인애와 성실을 베푸시는 분이다. 이러한 사실이 예언서의 구조와 핵심 구절들을 통해서 증명된다. 이것은 한두 명의 예언자가 아니라 이러한 예언에 감동받고 사로잡힌 수많은 예언 전승자들의 '이어달리기'를 통해 전달되었다.

이러한 사실은 우리의 구원이 하나님의 '인애'에 기초하고 있음을 깨닫게 한다. 이스라엘을 광야에서 처음 만나 그들과 언약을 맺은 것도 '영원한 사랑'에 근거한 것이었고, 범죄하여 멸망의 위기에 처한 이스라엘을 회복하실 때도 하나님의 '인애'와 '사랑'이 그것을 가능하게 하였다. 이러한 성품을 가지신 하나님은 그렇게 행동하지 않으면 안 되시는 분이었다(참조, 호 11:8; 렘 31:20; 사 43:25). 이러한 사실을 배우고 아는 그리스도인들은 어떻게 행동해야 하는가? '하나님 닮아가기'가 삶의 원리와 기준이 되어야 할 그리스도인들은 어떻게 행동해야 하는가?

여기에 예수님의 말씀이 있다. "**너희 아버지의 자비로우심 같이 너희도 자비로운 자가 되라**"(눅 6:36). 여기에서 '자비로움'은 구약성경에서 '긍휼'에 해당하는 표현이다. 이것은 위에서 말한 바와 같이 얼마든지 '인애'와 '사랑'으로 바꾸어 이해할 수도 있다. '인애'와 '긍휼'과 '사랑'을 베푸시는 "하나님 닮아가기"(imitaio Dei)의 교훈을 주신 것이다. 예수님은 여기에서 그치지 않으시고 제자들에게 직접 명령으로 말씀하셨다. "**새 계명을 너희에게 주노니 서로 사랑하라. 내가 너희를 사랑한 것같이 너희도 서로 사랑하라**"(요 13:34). 구약성경의 말씀과 예수의 가르침을 따르는 바울도 에베소 성도들에게 이렇게 말했다. "그러

고를 참조하라. 하경택, "'하나님 닮아가기'(imitatio Dei)로서의 정의 - 시편을 통해서 본 구약성서의 '정의' 신학," 「장신논단」 48/2 (2016. 6), 37-66.

므로 사랑을 받는 자녀같이 너희는 하나님을 본받는 자(imitator)가 되고"(엡 5:1). 그러므로 '사랑'과 '용서'는 하나님 닮아가기와 예수님 닮아가기를 실천하는 그리스도인들에게 당연한 덕목이다. 우리의 구원이 오직 하나님의 은혜와 사랑에 근거한다는 사실을 깨달은 자들이 보여야 할 마땅한 행동이다. '사랑'과 '용서'는 믿음의 선진들을 통해 넘겨받은 신앙 전승을 '이어달리기'를 통해 후대에 물려주어야 할 전승자들이 취할 삶의 방식이자 내용이다.

용서, 사람을 보는 창

복음서에 나타난
용서와 사랑

김호경 은퇴교수
[서울장신대학교 신약학]

새로운 피조물

믿음이 주는 가장 큰 변화는, 우리가 예수 그리스도로 말미암아 새로운 사람이 되었다는 사실이다. 고린도후서 5장 17절에서 바울은 "그런즉 누구든지 그리스도 안에 있으면 새로운 피조물이라 이전 것은 지나갔으니 보라 새 것이 되었도다"라고 말한다. 그리고 로마서 5장 8절은 우리의 이전 상태가 어떠했는지를 다음과 같이 선언한다. "우리가 아직 죄인 되었을 때에 그리스도께서 우리를 위하여 죽으심으로 하나님께서 우리에 대한 자기의 사랑을 확증하셨느니라" 이전에는 우리의 죄로 인해 하나님과 원수 된 존재였지만, 예수 그리스도를 통한 하나님의 사랑으로 새로운 존재, 즉 고린도후서 5장 17절에서 말한 '새로운 피조물'이 되었다. 새로운 피조물은 그리스도 안에서 일어난 새로운 창조의 결과이다. 하나님과 원수 된 존재가 아니라 하나님과 화해한 존재가 시작된 것이다. 그러나 이러한 존재의 변화를 모든 사람이 누리는 것은 아니다. 하나님은 그리스도를 통해서 이미 세상에 손을 내밀었지만, 아직도 그 손을 잡지 못하는 사람들이 있기 때문이다.

그러므로 그리스도 안에서 새로운 피조물이 된 사람들에게는 그에

합당한 사명이 따라온다. 새 창조를 이야기하고 나서 계속해서 고린도후서 5장 18~19절에 다음과 같은 말이 이어진다. "모든 것이 하나님께로서 났으며 그가 그리스도로 말미암아 우리를 자기와 화목하게 하시고 또 우리에게 화목하게 하는 직분을 주셨으니 곧 하나님께서 그리스도 안에 계시사 세상을 자기와 화목하게 하시며 그들의 죄를 그들에게 돌리지 아니하시고 화목하게 하는 말씀을 우리에게 부탁하셨느니라"라고 말이다. 우리가 하나님과 화목(화해)하게 했다는 것으로 새로움은 끝나지 않는다. 새롭게 된 자들은 우리가 누리는 하나님과의 화해를 세상에 전해야 한다. 그들도 하나님 안에서 화해하게 하기 위해서이다. 우리가 누리는 화해의 궁극성은 바로 이것이다. 우리가 화해의 사자(使者)가 되는 것이다. **결국 하나님과 '나'의 화해는 하나님과 '세상'의 화해로 확장되어야 하고, 이를 위해 먼저 '나'는 '세상'과 화해해야 한다. 그래야 '세상'이 '나'를 통해 하나님과의 화해를 맛볼 수 있을 것이기 때문이다.**

이 화해의 길목에 용서가 있다. 화해는 소원했던 관계가 회복되어, "싸움하던 것을 멈추고 서로 감정을 푸는 것이나 싸웠던 상대방들끼리 서로를 용서하는 것"을 의미하기 때문이다. 화해는 일방적인 관계의 변화로 되지 않는다. 화해는 상호적 관계 변화를 통해서 일어난다. 누군가는 먼저 손을 내밀어야 하고, 누군가는 그 손을 잡아야 한다. 주먹을 쥐고 있는 사람과는 악수를 할 수 없기에 그 손을 펴게 하는 것이 필요하다면, 그것이 용서이다. 용서하고 용서를 받으며 화해로 나아간다. 하나님이 죄인 되었던 우리를 용서했고 하나님과의 화해를 일구어냈던 것처럼, 우리가 새로운 피조물이라면, 이렇게 끊임없이 용서와 화해의 관계를 만들어가야 한다. 우리의 삶에서 일어나는 관계의 변화를 통해서, 세상은 비로소 우리가 새로운 피조물인 줄 알 것이기 때문이다. 그러나 여전히 마음이 편치 않은 사람, 여전히 미운 사람을 용서하고,

그들과 화해의 관계를 만드는 것은 쉽지 않다. 그렇다고 포기한다면 우리는 또한 새로운 피조물이라고 할 수 없기에 왜 용서가 필요한지, 어떻게 용서할 수 있는지, 궁극적으로 용서가 무엇인지 등에 대해서 살펴보고자 한다.

새로운 관계방식

용서에 대한 구절에서 아마도 가장 유명한 것은 마태복음 18장 15~20절일 것이다. 15~20절은 공동체에 죄를 범한 형제의 문제를 다룬다. 즉 문제를 일으킨 사람을 어떻게 용서해야 하는지를 다룬다. 일반적으로 유대인들은 먼저 문제를 일으킨 당사자에게, 다음으로는 두세 증인과 더불어, 마지막으로 공동체를 통해 권고하고 그래도 말을 듣지 않으면 문제가 된 사람을 공동체에서 쫓아냈다. 세 번의 기회를 주는 셈이다. 그러므로 15~17절은, 유대적인 방식에 따라서 문제를 해결하라는 소리인 것 같고 이때 17절의 "이방인과 세리와 같이 여기라"는 자연스럽게 교회에서 내쫓으라는 의미로 받아들여진다. 세 번의 용서 기회가 주어지고, 그 이상은 구제불능이라는 말인 듯하다. 그러나 이러한 해석은 의문을 자아낸다. 유대인들에게 있어서야 "이방인과 세리와 같이 여기라"가 공동체에서 쫓아내라는 것일 수 있지만, 그리스도인에게도 이 구절이 그러한 의미를 가질까라는 궁금증이 생기기 때문이다. 예수는 세리와 죄인과 함께 밥을 먹으며 그들이 자신에게 오는 것을 막지 않았고, 결국 가나안 여자의 믿음도 칭찬했으니 말이다(마 15:21-28).

그리스도 안에서 인종적, 사회적, 성차별을 무너뜨린 예수가, 이 구절에서 갑자기 유대인과 이방인을 가르고 세리를 죄인 취급하면서, "이방인과 세리와 같이 여기라"라는 말로 문제를 일으킨 사람의 용서를 제한한다고 이해하기는 어렵다. 그러므로 "이방인과 세리와 같이 여기라"에 어떤 의미가 있는지를 알아보아야 하고, 이를 위해서는 전체적인 이야기 속에서 이 구절을 찬찬히 살펴볼 필요가 있다. 마태복음 18장은 한 장 전체가 매우 유기적으로 연결되어 용서라는 주제를 드러내기 때문이다. 18장은 15~20절을 중심으로 1~14절의 덩어리와 21~35절의 덩어리로 나뉘어있다. 먼저 1~14절의 이야기를 살피면, 용서에 대해서 무엇을 말하는지를 보다 구체적으로 알 수 있다. 먼저 천국에서 누가 크냐는 제자들의 질문이 나온다(1절). 천국은 하나님이 통치하는 곳이며, 마태복음에서는 교회와 동일시되기도 하다. 그러므로 여기서 천국에 대한 이야기는 그리스도 안에서 새롭게 된 공동체에 대한 것으로 이해하면 된다. 이에 대해서 예수는 어린아이와 같이 스스로 낮춘다면 천국에 들어갈 뿐 아니라 천국에서 큰 자가 될 것이라고 말한다(2-3절). 어린아이와 같이 자신을 낮추는 겸손을 천국의 조건으로 이야기하면서, 곧바로 그를 예수의 이름으로 영접하라고 말한다. 어린아이를 영접하는 것이 곧 예수를 영접하는 것이기 때문이다(4절). 이 말은 매우 파격적이다. 예수가 비천하고 보잘 것 없고 자신의 주장을 피력할 수 없는 어린아이에 빗대어지기 때문이다. 어쩌면 어린아이를 무시하지 말라고 예수를 어린아이에 빗댄 것일 수 있다. 예수가 어린아이에 빗대어질 때, 예수는 그들을 대변한다. '어린아이'는 이어서 '작은 자'로 대치며, 마찬가지로 작은 자와 예수도 동일한 위치에 있다(마 25:40, 45). 작은 자, 억울한 자의 위치가 이렇게 정해지면, 공동체에서 그들을 어떻게 대해야 할 것인지도 분명해진다. 공동체는 자신의 권리를 주장할 수 없는 그들을 품고 책임져야 한다(6-9절).

그들이 잘못했을 때, 그들에게 책임을 묻는 것이 아니라 그들을 그렇게 실족하게 한 사람들에게 책임을 묻겠다는 것(7절)은, 용서에 대한 분명한 이해를 드러낸다. '실족하게 하는 일'이란 "어떤 사람을 죄를 짓게 하는 것, 혹은 패망하게 하는 원인" 등을 의미한다. 일반적으로 죄를 지은 사람이 용서를 구하는 것이 맞다. 그러나 예수는 어떤 이들로 하여금 죄를 짓게 한 사람들에게 죄를 찾고 그들이 용서를 구하도록 하겠다고 한다. 용서에 대한 놀라운 이해이다. 용서를 개인적인 문제가 아니라 공동체적 문제로 보고 있는 것이다. 누구나 잘못할 수 있다. 그리고 잘못하면 상대방에게 용서를 구하는 것이 맞다. 그러나 조금 더 들여다보면 그 잘못의 원인이 어디 있는가, 어떤 사람은 작은 자라는 이유로 그 잘못에서 벗어날 수 없는 상황에 빠지지는 않았는가, 이를 살펴보고 진정으로 용서를 구할 자가 용서를 구하도록 하겠다는 의미이다. **표면적인 피해자와 가해자가 아니라, 전체적이며 구조적으로 누구도 피해를 반복하지 않도록 하는 것이 용서의 궁극이다.**

이러한 용서를 위해서 겸손은 가장 필요한 덕목일 것이다. 실족한 사람이 아니라 실족하게 한 사람에게 책임을 물을 때, 그것을 받아들일 수 있으므로 용서를 구할 수 있는 것은 겸손한 자기 이해로부터 나오기 때문이다. 스스로 아무 잘못도 없다고 생각하는 사람이 이러한 판결을 받아들이기는 어렵다. 아무리 예수가 "삼가 이 작은 자 중의 하나도 업신여기지 말라 너희에게 말하노니 그들의 천사들이 하늘에서 하늘에 계신 내 아버지의 얼굴을 항상 뵈옵느니라"(10절)라고 가르치더라도 말이다. 그들을 보호하는 하나님이 있다는 것을 상기시키는 것은, 겸손과 책임으로 연결된다. **용서는, 작은 자의 소중함**과 이어지며 공동체가 진정으로 새로운 화해를 이루는 방식을 모색하는 과정이어야 한다. 이어지는 12~14절의 잃은 양 비유는 이를 더욱 분명하게 보여준다. "이 작은 자 중의 하나라도 잃는 것은 하늘에 계신 너희 아버지의 뜻이 아니라"(14절)라는 말씀 속에 잃은 양 한 마리를 끝까지 찾는 이유가 드러난다. 이야기 끝에 15~20절이 나오는데, 이를 세 번의 기회를 주고 무작정 쫓아내는 방식으로 이해하기는 어렵다. 누구도 잃는 것은 아버지의 뜻이 아니다. 아버지의 뜻은 공동체가 진정으로 화해하고 그것으로 새로운 피조물임을 천명하는 것이다. 실족한 사람을 단죄하는 것이 아니라 그런 일이 다시 반복되지 않도록 근본적인 원인을 찾는 것이다. 표면적이 아니라 실질적인 용서의 관계를 이루는 것이 아버지의 뜻이다. "이방인과 세리와 같이 여기라"는 그를 쫓아내는 것이 아니라, 그에게 유대적 방식이 아닌 다른 수많은 방법을 모색하여 문제를 해결하라는 말이다. **그를 이방인과 세리와 같이 여긴다면, 그에게 유대적 방식을 적용하는 것은 맞지 않을 것이기 때문이다. 세 번으로 끝나는 유대적 방식이 아니라 더욱 깊은 사랑을 보여줄 수 있는 새로운 방식이 필요하다.** 그리스도를 믿는 공동체는 기존의 질서와 다른 질서를 보여야 한다. 질서란 사람들 사이의 관계이다. 마태복음은 사람을 이해하는 새로운 방식을 제시한다. 그것은 예수와 어린아이를 일치시키며, 작은 자에 대한 소중함을 상기시키는 것이다. 문제가 일어났을 때, 진짜 원인이 무엇인지, 진짜 용서를 구해야 할 사람이 누구인지, 고민하며 화해로 나아가야 한다.

하나님의 방식

15~20절과 이어지는 18~32절에서는 새로운 용서의 방식이 더욱 강조된다. "너희가 땅에서 매면 하늘에서도 매일 것이요 무엇이든지 땅에서 풀면 하늘에서도 풀릴 것"(18절)은 이에 대한 열쇠이다. 이 구절은 매우 놀랍다. 예수가 베드로에게 한 축복, "네가 땅에서 무엇이든지 매면 하늘에서도 매일 것이요 네가 땅에서 무엇이든지 풀면 하늘에서도 풀리리라"(마 16:19)를 기억한다면 말이다. 18장 18절은 베드로(너)의 놀라운 권세를 교회 구성원 모두(너희)에게로 확대시킨다. 각 사람이 그러한 권세를 갖고 있다면, 누군가를 그렇게 함부로 내칠 수는 없다. 용서는 확실히 힘의 문제를 내포한다. 실상은 잘잘못과 무관하게 힘이 없는 사람이 힘이 있는 사람에게 용서를 구하는 형식으로 마무리되는 경우들이 많다. 그러나 용서는 단순히 문제를 해결하고 힘의 관계

를 정립하는 것이 아니라, 새로운 인간관계의 시작이다. 생각해 보자. '내'가 나의 권세를 갖고 무자비하게 내친 그 사람이 하늘에서 무엇이든지 맬 수 있는 권세를 가진 사람이라면? 어린아이도, 작은 자도, 그 놀라운 권세를 가지고 있다면? 용서는 인간의 근본에 다가가게 한다. 용서를 대하는 자세에는 사람에 대한 이해가 드러난다.

이어지는 19절을 직역하면, "너희 중에 두 사람이 요구하는 모든 것에 관하여 땅에서 합의하면, 하늘에 계신 내 아버지에 의해 그것이 그들을 위해서 이루어지리라"다. 18절이 각 사람이 권세를 가졌다는 사실을 기억하게 한다면, 19절은 그러니 어떻게든 합의하라고 말한다. 그들 둘 사이가 땅에서 풀려야 하늘에서도 풀릴 것이기 때문이다. 그리고 20절 "두세 사람이 내 이름으로 모인 곳에는 나도 그들 중에 있느니라"는 말로 이어진다. 두세 사람이 예수의 이름으로 모여서 서로 쫓아내는 곳에는 예수가 없다. 두세 사람이 모여 합의한 곳에, 서로의 권세를 세워주며 화해하는 곳에, 유대적인 방식으로 만족하는 것이 아니라 어떤 방식으로라도 그들을 실족하지 않게 하는 방법이 모색되는 곳에, 예수가 있다. "이방인과 세리와 같이 여기라"는 유대적 방식이 아니라 새로운 방식을 강구하라는 것임은 여기서 분명해진다. "이방인과 세리와 같이 여기라"는 그들에게 적당한 새로운 방식일 것이고, 유대인들이 할 수 없는 무엇, 그리스도 공동체의 특징이 드러나는 무엇 말이다. 그것은 하나님과 화해한 공동체의 모습을 드러내는 것이어야 할 것이다. 바울이 이야기한 것처럼, 사람들을 하나님과 화해시킬 수 있는 방법 말이다.

베드로는 이 말의 뜻을 알아들은 것 같다. 베드로는 그동안 자신들에게 익숙했던 세 번의 방법이 더 이상 유용하지 않다는 것을 알았다. 그래서 "주여 형제가 내게 죄를 범하면 몇 번이나 용서하여 주리이까 일곱 번까지 하오리이까"(21절)라고 묻는다. 베드로의 질문을 통해서,

1절부터 진행되어 오던 이야기가 용서의 흐름 속에 있다는 것이 확실히 드러난다. 어린아이의 겸손과 작은 자에 대한 책임 있는 돌봄은 용서를 위한 전제이다. 사전적으로, 용서는 "피해자가 가해자에 대한 감정과 태도의 변화를 통한 의도적이며 자발적인 과정이며, 쌓여가는 공격적인 마음을 가지고 복수와 같은 부정적인 정서를 버리는 것"이다. 가해자와 피해자라는 상반된 입장의 사람들이 관계를 정상적으로 회복하면, 공동체는 화해의 상태에 이를 것이다. 이 화해를 위해서 먼저 누군가에 의한 용서가 일어나야 한다. 이때, 용서는 피해자의 마음을 어루만져주는 것이 되어야 한다.

용서는 피해를 입은 사람의 권리를 보장하는 것이다. **용서는 누군가에게 무조건적인 사과나 굴복, 혹은 배상을 요구하는 것이 아니라, 그가 하나님의 피조물임을 회복시켜주는 것이다.** 그가 18절에서 언급된 놀라운 권세를 가지고 있는 사람임을 확인시켜 주는 것이, 용서이다. 누군가는 용서를 구하고, 누군가는 용서하는 관계 속에서 용서의 초점은 용서가 일어나는 과정에 있다. 이때 용서를 구하는 사람은 겸손과 상대방에 대한 책임으로 그에게 다가가야 한다. 용서는 단순히 피해자와 가해자가 있는 사건의 정리가 아니라, 용서하는 사람과 용서받는 사람의 존엄을 회복시키는 과정이기 때문이다. 그러나 용서가 단순한 문제의 해결이 아니라 근본적인 회복의 과정이라면, 이 과정은 매우 복잡할 수 있다. 세 번이라는 횟수로 한정될 수 없는 이유다. "일곱 번뿐 아니라 일곱 번을 일흔 번까지라도 할지니라"(22절)는 무한정의 개념이다. 이 무한정한 숫자의 목표는 분명하다. 이 과정에서 용서를 구하는 사람과 용서해야 하는 사람은 스스로가 하나님의 놀라운 권세를 가진 자들임을 알게 될 것이다. 이 용서의 과정에서, 그들은 서로 화해하며 자신들이 비로소 새로운 피조물임을 알게 될 것이다. 그러므로 상대방이 용서를 구했으니 당장에 용서하라는 강요는 있을 수 없다. 그것을 믿음으로 몰아붙일 수도 없다. 용서는 빨리 문제를 해결하려는 데 있지 않고, 이 둘이 서로 합의하며 자신의 권리를 정당하게 사용하게 하는 데 있기 때문이다. 용서에는 기다림이 필요하다. 이 기다림의 과정을 인위적으로 단축시키면 용서는 허울뿐이고, 같은 실족이 반복될 것이다. 공동체 안에서 화해를 이루는 것은 이렇듯 쉽지 않다. 서로 자신의 권리를 주장할 때는 더욱 그렇다. 그러나 자신의 권세만이 아니라 다른 사람의 권세를 함께 인정한다면, 그들이 하나님 앞에 함께 설 수 있도록 기다려준다면, 용서는 이루어지고 화해와 평화는 공동체에 드러날 것이다.

베드로에게 말씀하신 "일곱 번뿐 아니라 일곱 번을 일흔 번까지라도 용서할지니라"라는 예수의 불가능해 보이는 명령은, 이어지는 비유를 통해서 가능성이 열린다(23-35절). 어떤 임금이 그의 종들과 결산하면서 만 달란트 빚진 자를 불쌍히 여겨 그의 빚을 탕감해 주었다. 그 종은 자유의 몸이 되었다. 그런데 임금의 집을 나서서는 자신에게 백 데나리온 빚진 동료를 찾아가 그의 멱살을 잡으며 빚을 갚으라고 다그쳤다. 그는 자신이 임금으로부터 탕감받은 것과 자신이 누군가를 탕감하는 것은 무관하다고 생각한 것 같다. 만 달란트에 비하면 백 데나리온은 푼돈에 불과하지만, 그는 자신이 받아야 할 그 돈 때문에 결국 동료를 옥에 가두었다. 그 모양을 본 그의 동료들이 임금에게 가, 전후 사정을 전했다. 임금은 자신이 베푼 은혜를 잊고 다른 사람을 불쌍하게 여기지 않은 그 사람을 야단치며 옥에 가두었다. 주인은 "내가 너를 불쌍히 여김과 같이 너도 네 동료를 불쌍히 여김이 마땅하지 아니하냐?"(33절)라고 그를 추궁하였다. 그의 죄목은 "마땅히 해야 할 어떤 일"을 하지 않은 것이다. 마땅한 일은 동료를 불쌍히 여기는 것, 즉 용서하는 것이다.

이렇게 분명한 비유의 끝에 "너희가 각각 마음으로부터 형제를 용서하지 아니하면 나의 하늘 아버지께서도 너희에게 이와 같이 하시리라"(35절)는 말로 18장 전체의 이야기가 마무리된다. 1절에서부터 시작된 이야기는, 우리가 어떻게 용서할 수 있는 사람이 될 수 있는지를 보여준다. 그것은 자신이 탕감 받은 만 달란트를 잊지 않는 것이다. 내가 내 힘으로 도저히 갚을 수 없는 빚을 탕감 받았다는 사실을 기억한다면, 다른 사람에게 그 은혜를 나눠야 한다는 것도 자명하다. 내가 하나님과 화해했다면 그 화해는 다른 사람에게 향해야 한다. 나의 권리와 힘은 나만의 것이 아니라 다른 사람도 누릴 수 있는 권리와 힘이라는 사실도 기억해야 한다. 땅에서 매이면 하늘에서도 매이고 땅에서 풀리면 하늘에서도 풀리는 신비한 힘은 그리스도 안에서 새로운 피조물이 된 사람들의 출발점이다. 우리가 하나님으로부터 받은 은혜를 기억한다면, 우리에게 빚진 사람들을 용서하는 것은 당연한 일이다. 하나님 앞에 겸손하고 작은 자에 대한 책임을 잊지 않는다면, 용서는 불가능하지 않다. 문제는, 믿음이 있다고 하면서도, 하나님을 기억하지 못한다는 사실이다. 그래서 겸손하지 못하고, 다른 사람에 대해 책임지지 않으며, 용서하지 못한다. 그러나 "일곱 번을 일흔 번까지" 용서하는 기나긴 과정을 거쳐, 우리는 비로소 신앙의 길에 들어선다.

함께 나누는 생명

서로의 존엄성과 하나님 안에서의 새로운 피조성을 인정함으로써, 용서는 마무리된다. 용서를 통해서, **가해자와 피해자 모두 하나님 앞에서 새로운 존재로 태어난다.** 이런 용서의 문제를 깊이 있게 천착한 소설, 『벌레이야기』를 살펴보는 것은 도움이 된다. 이창준의 소설 『벌레이야기』가 낯설다면, 그 소설을 바탕으로 만들어진 이창동 감독의 영화 〈밀양〉은 아마도 더 익숙할 수 있다. 소설과 영화는 세밀한 이야기의 흐름에서는 차이가 나지만, 서사구조는 유사하다. 한 아이가 유괴를 당했고 결국 죽음에 이른다. 남겨진 엄마의 고통은 말할 수 없다. 그 때 감옥에서 믿음을 갖게 된 유괴범은 자신이 하나님께 모든 죄를 용서받았다고 고백한다. 엄마의 절망을 극으로 치닫게 한 것은 바로 이 고백이었다. 가해자의 고백은 믿음으로 고통을 넘어서려던 엄마의 안간힘을 무너뜨리고 만다. 용서는 피해자인 자신의 몫인데, 하나님으로부터 용서받았다는 것은 무슨 소리지? 하나님의 용서를 받았다면, 내 용서는 필요 없는 것인가? 그렇다면 나는 무엇을 할 수 있지? 아들을 잃은 엄마는 가해자의 몰염치한 신앙에 몸서리친다. 그리고 작가와 감독은 우리에게 용서의 진정한 의미가 무엇인지, **그렇게 용서받은 가해자의 믿음이 진실인지 묻는다.** 용서의 민낯을 대하면서 우리도 믿음 안에서 **용서의 근본**에 대해서 생각해 보게 된다. 하나님의 용서가 피해자의 용서를 앞설 수 있는가? 그 사람 때문에 자신의 어린 아들이 죽었고 자신은 여전히 고통스러운데, 자신은 아직 그를 용서하지 못했는데, 그가 하나님으로부터 용서받았다고 기뻐하고 마음의 평안을 누리는 것이 맞는가? 영화에서 엄마(신애, 전도연 분)는 자해를 하고 고통으로 몸부림치지만, 영화의 엔딩은 그래도 희망적이다. 신애는 하나님의 은밀한 빛(밀양)에 눈길을 주고 새로운 발걸음을 내디딜 것 같기 때문이다. 자신에게 일어난 일을 아직 다 이해할 수 없겠지만 그녀를 붙들고 있을 하나님을 의지하려는 안간힘이 안쓰럽기도 하고 안심이 되기도 하는 마무리이다. 그러나 원작의 결말은 더욱 비극적이다. 답을 찾지 못한 엄마가 스스로 목숨을 끊는 것으로 소설이 마무리되기 때문이다. 가해자가 이미 용서를 받았다니, 아들을 잃고도 아무것도 할 수 없는 무능한 자신을 견딜 수 없었다. 그가 자신의 용서를 필요로 하지 않으니 말이다. 범인을 용서할 기회조차 빼앗긴 엄마는 도대체 자신은 하나님 앞에서 어떤 존재인지 답을 찾을 수 없었고 스스로 삶을 닫는다. 『벌레이야기』라는 제목에서처럼, 작가는 하나님 앞에서 인간과 벌레 사이에서 갈등하는 엄마의 모습을 보여준다. 작가는 하나님을 믿는다는 이유로 어떤 질문도 봉쇄한 채 교리 속에 매몰돼 더 이상 묻지 않고 용서를 강요받는 것은, 신앙이 아니라 마치 벌레 같은 모습이라고 일갈한다.

사람은 자기 존엄성이 지켜질 때 한 우주의 주인일 수 있고 우주 자체일 수 있다. 그러나 그 주체적 존엄성이 짓밟힐 때 한갓 벌레처럼 무력하고 하찮은 존재로 전락할 수밖에 없는 인간은 그 절대자 앞에서 무엇을 할 수 있고 주장할 수 있는가. 아마도 그 같은 절망적 자각은 미물 같은 인간이 절대자 앞에 드러내 보일 수 있는 마지막 증거로서 그의 삶 자체를 끝장냄으로써 자신이 속한 섭리의 세계를 함께 부수고 싶은 한계적 욕망에 이를 수도 있지 않을까.

우리는 믿음 안에서 종종 용서를 하나의 의무로 생각한다. 그것은 자신의 믿음을 보이는 일종의 훈장이 되기도 하다. 그러나 용서는 사건을 마무리하는 것이 아니라 하나님의 새로운 피조물이 되어가는 과정이다. 우리가 하나님으로부터 받은 용서를 통해서 어떻게 사람과의 새로운 관계로 나아갈 것인가를 고민하는 것이 용서다. 그리고 그 과정을 통해서 우리가 새로운 피조물이 되었다는 사실을 드러내는 것이다. 새로운 관계가 새로운 사람을 입증하는 것이기 때문이다. 용서는 개인적 문제가 아니라 관계의 문제이며 공동체적이다. 다른 사람과 함께 사는 방법이다. 그 관계 속에서 상대방이 하나님의 권세를 갖고 있다는 것을 인정하는 것이다. 그러나 이러한 인정이 쉽지 않다. 그러므로 용서는 타인에 대한 겸손한 태도와 책임감으로 함께 일구어내야 한다. 영화〈밀양〉과 소설 『벌레이야기』는 이 과정이 생략되었을 때 용서가 얼마나 허구적인지, 용서가 얼마나 잔인한 것인지를 상기시킨다. 상대방의 인간됨을 회복시키지 않는 용서는 가짜이며 아무 의미가 없다. 그러므로 용서는 하나님의 정의를 드러내는 수단이 되어야 한다. 하나님의 정의는 그리스도 예수 안에서 모든 사람에게 새로운 생명을 부여하는 것이다. 자신의 생명만이 아니라 타인의 생명도 귀하다는 사실을 아는 것이다. 자신만 용서받은 것이 아니라 타인도 자신과 같은 용서를 받았다는 사실을 깨닫는 것이다. 그러므로 아무리 작은 자라도 우리 마음대로 할 수 있는 존재가 없다는 것, 함부로 대할 수 없다는 것, 그를 실족시킨다면 책임을 피할 수 없다는 것을 믿는 것이다. 이것이 용서를 구하는 사람과 용서를 하는 사람의 태도여야 한다. 그러므로 함께 생명 공동체를 만들어 나가기 위해서는 용서를 통한 회복의 과정들이 필요하다. 그것이 새로운 생명으로 말미암아 하나님과 화해한 사람에게 따르는 책임이다. 용서는, 다른 사람이 하나님의 새로운 생명을 누릴 수 있도록 세상과 관계를 맺으며 나아가는 것이기 때문이다.

용서의 출발점은, 모든 사람의 생명이 각각 귀하다는 것이다. 가해자와 피해자 사이 용서의 핵심은 바로 이 점이다. 용서를 구하는 사람이 용서해야 하는 사람의 존엄성을 살려주는 것, 그것이 용서의 궁극이다. 그래야 이 용서로부터 진정한 화해의 관계에 이를 수 있기 때문이다. 『벌레이야기』도 바로 이 점을 드러내고자 한다. 가해자는 하나님과의 관계를 회복했을 수 있다. 그러나 그것이 진정한 회복이었다면 당연히 피해자인 엄마에게 다가가 그녀가 스스로를 벌레로 느끼지 않도록 용서를 구해야 한다. 사람에게는 보이지 않고 하나님에게만 보이는 그의 믿음이 결국 엄마를 죽음으로 몰아넣었다. 누군가를 죽음으로 몰아넣는 하나님의 용서는 없다. 그것이 하나님의 용서를 흉내낸 것이라면, 거기에는 반드시 생명이 있을 것이다. 생명은 그가 하나님의 새로운 피조물이라는 사실을 반증하기 때문이다. 용서는 화해를, 화해는 생명을, 생명은 하나님의 피조물이라는 정체성을 우리에게 부여한다. 그러므로 용서는 하나님의 사람을 보게 하는 창이다.

용서, 생명과 복음의 문

바울 서신에 나타난
용서와 사랑

송진순 교수
[이화여자대학교 대학교회 부목사, 신약전공]

그리스도인과 용서

인간은 불완전한 존재다. 환경이나 타인에 의해 쉽게 상처받고, 의도하지 않게 타인에게 상처를 주면서 깨어지기 쉽다. 그것은 인간이 의존적이기도 하지만 타인에게 영향을 받는 고정된 실체가 아니기 때문이다. 달리 말하면 인간은 취약하지만 동시에 성장하고 변화하는 가능성을 지닌 존재이기도 하다. 풍상의 세월을 견디고 마음의 근육이 단단한 사람이라 해도, 많은 경험과 연륜 속에 성숙함에 이른 사람이라 해도 고통과 상처 앞에서는 무력해진다. 그래서 용서(容恕)는 쉽지 않다. 흔히 용서라고 하면 개인과 개인의 관계에서 일어난 일을 생각한다. 가해자와 피해자라는 이분법적 구조에서 발생한 유무형의 피해와 폭력을 연상한다. 하지만 용서는 **개인의 문제를 넘어 개인과 집단, 집단과 집단, 심지어 나와 하나님과의 관계에서 발생한다는 점에서 그것이 관여하는 범주는 넓고, 다루는 지점은 섬세해진다.**

특별히 그리스도인은 예수 그리스도의 죽음과 부활을 통해 대속의 은혜를 입은 존재이며 하나님의 사랑으로 용서받은 존재이다. 하나님의 사랑과 자비를 입은 존재라는 점에서 그리스도인은 용서 앞에 자유롭지 못하다. 우리는 **용서를 구하는 존재이자 용서에 열린 존재**가 되기를 요청받는다. 자신은 물론, 타인과 세계의 잘못과 실수에 대해 적어도 비그리스도인보다 관대해야 한다는 것이다. 그것이 용서받은 사람의 의무이자 사랑을 실천하는 것이라고 간주된다. 그래서 우리는 용서가 전제하는 상황 즉 인간 내면의 죄, 타인과의 불화로 인한 단절, 세계에서의 소외와 부정의 경험, 부조리한 상황에서 마주하는 트라우마에 대해 시간을 두고 깊이 있게 숙고하기보다는 사랑의 이름으로 용서하기를 강요당한다. 다시 말해 용서의 당사자들이 '용서하기'의 과정에 들어가기 위해 자신의 감정을 충분히 느끼고 설령 참을 수 없는 분노일지라도, 사건에 대해 성찰하고, 용서가 갖는 다층적 의미와 그 영향 관계를 받아들이기도 전에, 교회 공동체는 '암묵적으로' 속히 용서하고 원만히 화해하기를 바란다. 신앙이라는 무게는 우리에게 미움과 분노, 슬픔과 고통을 속히 내려놓고 불편한 관계에서 벗어나 '용서하기'의 과정에 진입하기를 떠밀기도 한다.

그렇다면 성서는 한 인간이, 나아가 하나의 공동체가 용서로 나아가기 위한 과정에서 어떤 메시지를 주고 있는가? 특히 다메섹에서 경험한 바울의 회심 사건과 지중해 세계를 숨 가쁘게 다니며 선교 사역을 감당했던 **바울에게 용서는 어떤 의미인지**, 또한 수많은 위협과 갈등에 놓인 초대 교회에게 바울이 전하는 용서가 얼마나 다양한 의미와 그리스도인이 지향하고 실천해야 하는 용서에 대하여 이야기 해보려 한다.

용서를 생각하기 전, 인간을 이해하기

용서와 사랑을 말하기 전에, **인간의 조건에 대한 보편의 합의**가 필요하다. 성서는 인간을 원죄를 가진 존재, 불완전하기에 늘 죄와 유혹에 취약한 존재라고 본다. 동시에 하나님이 자신의 형상을 따라 창조하시고 "보시기에 좋았더라"고 감탄하셨던 존재이다. 이처럼 인간의 모순된 점도 염두에 두고 생각해야 하지만, 인간이 사회적 존재라는 사실도 간과해서는 안 된다. 용서가 관계에서 발생하는 문제라는 점에서 인간과 인간의 관계적 속성이 이해되어야 하기 때문이다. 신학자 강남순은 용서의 가능성과 불가능성을 논한『용서에 대하여』에서 용서를 사유하고 그 사유를 삶에 적용하기 위해서 먼저 **인간 존재에 대해 질문**해야 한다고 말한다.

첫째, 인간은 **불완전한 존재**다. 자신에게 잘못을 저지르고, 타인에게 상처를 주는 폭력적인 면이 있지만, 동시에 친절하고 연민으로 가득하고, 기꺼이 타인을 보살피고 환대하는 존재이기도 하다. **신의 얼굴과 악마의 얼굴을 동시에 가졌고, 양자가 미묘하게 얽혀 있는 것**, 그것이 인간 존재의 역설이기도 하다. 여기서 용서는 **악한 타자를 향한 것일 수도 있지만, 보잘것없는 자신을 증오하고 학대하며 살피지 않은 자기 자신을 향한 것**일 수 있다.

둘째, **인간은 함께-살아가는 존재**이다. 우리는 태어나는 순간부터 삶의 어느 순간도 오롯이 독립적으로 살지 못한다. 1인 가족이 확산하고 혼자가 익숙한 시대이지만, 우리는 어떤 방식으로든 타인과의 관계에서, 타인을 의지하며 살아간다. 함께 사는 존재로서 인간은 서로를 보완하고 돌보기도 하지만 때문에 끊임없이 타인으로부터 상처와 고통을 받는다. 목숨을 내어주기까지 헌신할 수 있는 부모와 자식, 서로를 잘 이해하는 부부와 연인, 오랜 시간 동고동락한 친구라 해도 인간 본연의 욕망, 상처, 오랫동안 누적된 자격지심이나 자기혐오가 칼날이 되어 가장 가까운 이들을 베기도 한다. 그것은 생판 모르는 낯선 사람도 마찬가지다. 서로에게 정신적, 신체적, 경제적, 종교적으로 다양한 형태의 상처와 고통을 주고받는다. 그것은 **인간이 죽을 때까지 함께 사는 존재이자 선과 악이 혼재하는 존재, 그러하기에 약한 존재**이기 때문이다.

셋째, 함께 사는 존재의 필연성은 **제도적 삶을 사는 존재**임을 의미한다. 가족, 종교, 학교, 사회, 국가 등 수많은 제도와 규정은 사회화 과정에서 인간을 인간답게 하고, 공동체에 안정과 질서를 부여한다. 하지만 그것이 한 인간의 자유와 의지를 훼손하거나 보이지 않는 방식으로 폭력과 억압을 가하기도 한다. 폭력과 억압은 개인적 차원도 있지만 **집단적 차원**에서도 발생한다. 서로 의견과 이념이 다른 집단과 제도를 거부하고 정죄하는 과정에서, 공리와 질서 유지를 위한 불가피한 제재나 폭력은 개인 간의 용서를 넘어 집단 간 용서를 불러일으키기도 한다.

넷째, 인간은 **미래를 향하는 존재**이다. 용서는 과거 시간의 일과 관련이 있지만 그로 인한 상처와 피해가 지금의 삶에서 이어진다는 점에서 현재의 사건이다. **용서는 과거에 매인 현재를 풀어주고 새로운 삶을 구상할 수 있는 미래로 향한다는 점**에서 인간은 미래를 향해 가는 존재다. 우리는 시간의 흐름에서 수많은 시행착오를 거치며 자신 혹은 타인, 세상과 관계 맺으며 살아간다. 따라서 상처받은 과거와 여기서 자유롭지 못한 현재는 건강한 미래와 관계 맺는 것을 방해한다. 용서는 과거로 향하는 것이 아니라 우리를 현재에서 미래로 나아가게 하고, 내 안으로 향하는 것이 아니라 밖으로 향하게 한다는 점에서 관계의 회복과 화해로 우리를 초대한다.

바울과 용서, 다메섹에서 만난 하나님

예수께서 승천하시고 유대인들은 예루살렘에 모여 그분의 가르침을 따라 교회를 세웠다. 성령으로 시작한 교회는 불길처럼 퍼져나갔고, 그들은 사도들의 가르침에 귀를 기울이고, 모이기를 힘쓰며 구원을 권면하면서 서로의 삶을 돌보았다. "떡을 떼며 오로지 기도하기를 힘쓰니라"(행 2:42)는 기록은 당시 그리스도인의 열정적인 신앙을 그대로 보여준다. 이들은 그리스도 예수에게 받은 사랑을 양분 삼아 서로의 삶을 나누고 치유의 역사를 경험하고 하나님을 찬양하며 그리스도 안에서 하나가 되는 신비를 경험하였다. 그러나 그리스도인의 세력이 커지자 유대 종교 지도자들은 대규모 박해를 시작했고, 예루살렘에 있는 교회는 약화될 수밖에 없었다. 사마리아, 페니키아, 키프로스, 시리아 등으로 흩어졌던 예수를 믿는 유대인들이 안디옥에서 교회를 만들었다 (행 11:19-20). 이 소식을 들은 사울(바울)은 그리스도인들을 잡아 가두기 위해 대제사장의 편지를 받아 다메섹으로 가는 도상에서 그리스도를 만났다(행 9:1-9). 이 사건은 교회를 핍박하던 바울이 사도로 변화하는 결정적 사건이자 동시에 예수의 용서를 경험한 사건이었다. 물론 회심 사건에는 회개나 용서라는 단어가 언급되지는 않는다. 하지만 바울이 자신을 호명하고 자신의 존재를 받아들이고 자신의 행보를 계획하고 준비하셨던 그리스도를 강렬하게 만나는 과정은 그 자체로 용서받음의 경험이었다. 그리스도인을 핍박하는 데 혈안이 된 사울, 그는 이것이 로마제국의 압제에서 유대민족을 지키고, 하나님의 거룩하심을 살아내는 일이라고 생각했다. 일말의 의심 없이 행동했던 바울에게 다메섹 사건은 갑작스러운 사고와 같았다. 합리적인 설명이나 이성의 논리를 벗어난 일이었고, 유대 세계에서는 받아들이기 어려운 일이었다. 그것은 하나님의 뜨거운 은혜이자 강력한 부르심이었다. 이 과정에서 바울은 예수를 적대하고 예수를 믿고 따르는 이들을 핍박했던 신념과 열정이 죄였음을 깨닫게 된다. **용서받음의 경험은 자신의 행동이 무엇이었는가를 깨닫게 한다. 그것은 죄가 무엇인가를 물음으로 자신의 자리를 확인하는 과정**이고, 그곳에 천착했던 자신의 사유와 세계관 그리고 관계망들을 재성찰하는 과정이다. 바울은 이 과정에서 그리스도인을 박해하는 것이 하나님을 지키는 것이 아니라 거부하는 길이고, 민족과 생명을 살리는 길이 아니라 생명으로 가는 사람들을 죽이는 길임을 알게 된다. 이처럼 용서는 **죄를 묻고 죄의 자리를 확인하는 데서 시**

작된다. 이로써 죄와 죽음의 지배에서 자유와 생명으로 해방되는 존재론적 전환이 가능하게 된다. 이처럼 용서는 **자신과 자신이 속한 세계를 분별하고 성찰**함으로써 자기 세계에서 한 발 앞으로 나아가게 한다.

용서는 **용납하고 받아들이는 것**이다. 갑작스러운 사건 속에서 앞도 볼 수 없고, 불안과 혼란 속에 있는 바울에게 하나님은 아나니아를 통해 환대를 보여주셨다. 자신이 그토록 박해했던 그리스도인에게 안수 받아 눈을 뜨고, 그가 주는 음식을 받아먹고 세례를 받는 것은 불편하고 치욕스러운 일이다. 그러나 이 순간 자신이 누구인지 상관없이 있는 그대로 용납받았다. 반면 아나니아에게도 바울을 돌보는 것은 도전이었다. 눈앞에서 형제자매인 그리스도인을 죽이는 데 가담했던 자를 아무 조건 없이 받아들이는 것 그것 역시 인간의 한계를 넘어서는 것이었다. 그럼에도 아나니아는 하나님의 용서와 환대에 기꺼이 동참하였다. 그 역시 하나님에게서 용서받고 용납받은 사람이기 때문이다. **한 존재가 누군가에게 전적으로 받아들여졌다는 것은 그들에게 절대적인 신뢰를 형성**하게 한다. 바울은 아나니아의 용납과 환대를 통해 자신이 그리스도인을 박해했다는 행위 이전에 '내가 누구인가'에 대한, 보다 근원적인 질문을 하게 된다. 그것은 바울에게 부끄러움과 수치심을 불러일으켰을 것이다. 그는 누구보다 자기 의와 확신으로 가득한 사람이었기에, 스스로 단단한 외피를 깨고 나오는 것은 견디기 어려울 만큼 혼란스럽고 고통스러웠을 것이다. 하지만 하나님의 무조건적인 용납과 환대 그리고 돌봄을 경험한 바울은 "나는 팔일 만에 할례를 받고 이스라엘 족속이요 베냐민 지파요 히브리인 중의 히브리인이요 율법으로는 바리새인이요 열심으로는 교회를 박해하고 율법의 의로는 흠이 없는 자라"(빌 3:5-6)는 이력을 과감히 벗어버리고, 오히려 모든 것을 그리스도를 위하여 잃어버리고 배설물같이 여긴다는 고백이 나올 수 있었던 것이다(빌 3:8).

바울은 용서하시는 하나님, 나아가 용납하시는 하나님, 불가능을 가능으로 이루시는 하나님을 의지하며 사도로서 이전과 전혀 다른 새로운 삶을 살 수 있었다. **하나님이 자신을 있는 그대로 받아주셨다는 확실한 믿음**, 언약과도 같은 회심 사건은 철저하게 하나님의 용서에 기반한다. 이집트 종살이 하던 이스라엘 민족을 선택하시고, 무조건적 언약을 통해 자기 백성으로 삼으셨던 야웨 하나님이 다메섹 도상에서 죄인 중의 괴수인 바울을 선택하시고, 선교 사역을 맡기신 것은 바울에게는 새로운 언약 사건이었다. 그는 전적 용납과 무조건적인 환대를 통해 변혁할 수 없는 약속을 받은 것이었다. 바울에게 **용서는 말로 설명할 수 없는 신비이고, 대체할 수 없는 은혜**이다. 그리스도를 아는 지식은 전적으로 새로운 세계와 새로운 미래를 약속하게 했다.

용서는 **새로운 관계를 형성**하게 한다. 바울은 하나님에게 용납받은 경험을 통해 그가 속한 유대적 세계, 즉 권위와 억압으로 생명을 가로막는 관계들과 절연했다. 대신 그가 그토록 거부했던 그리스도 예수, 그리고 그리스도인들과 새로운 관계를 만들어 갔다. 용서는 **전적으로 새로운 삶으로의 여정**을 열어간다. 용서에 근거한 관계는 이전과는 다른 새로운 세계와 만남을 의미하는 것이고, 우리를 다른 미래로 초대하는 것이다. 하나님의 은혜로 용서받은 바울은 이전의 세계를 떠나 또 다른 세계로 진입하게 한다. 그것은 유대 세계가 설정한 의와 율법이 전하는 삶의 목적이 아니라 **전적으로 하나님께서 주도하시는 믿음과 앎의 세계 속으로 들어가는** 것이다. "내가 가진 의는 율법에서 난 것이 아니요 오직 그리스도를 믿음으로 말미암은 것이니 곧 믿음으로 하나님께로부터 난 의라"(빌 3:9) 바울에게 그리스도는 살아계신 분이고, 그분으로 인한 기쁨과 유익은 바꿀 수 없는 것이다. 그리하여 바울은 '그리스도 안'(εν χριστω, 엔 크리스토)이라는 새로운 세계에서 살아계신 예수와 더불어 다른 그리스도인과 관계를 맺을 수 있는 것이다.

그는 새로운 관계 즉 새로운 공동체됨을 통해 생명을 경험한다. 용서가 주는 선물은 **관계의 변화이자 세계의 변화**이고, 동시에 **새로운 미래의 구상**인 것이다. 그리스도인에게 용서는 **부활의 소망이자 생명의 획득을 의미**한다. 다메섹 사건은 바울에게 하나님의 용서를 통해 **새로운 세계의 가능성, 생명과 복음의 문을 열어주신 사건**이다.

초대교회와 용서, 용서의 다양한 얼굴

용서받은 자 바울, 생명과 복음을 전하는 자 바울은 지중해 전 지역을 종횡무진하며 교회를 세워갔다. 오로지 복음을 위해 부르심을 받은 바울은 자신이 세운 교회가 계급의 차이로 인해, 우상에게 바친 제물 음식으로 인해, 도망 나온 종으로 인해, 사도의 우위를 주장하며 교회를 흔드는 세력과 성령에 도취돼 교회의 세력을 만드는 상황에 대해 수없이 터져 나오는 교회의 분열과 갈등에 응답하며 편지를 썼다. 활발한 선교의 열정 이상으로 이방인, 유대인, 그리스도인이 함께하는 교회는 깨지기 쉬웠고 혼란도 잦았다. 로마 시대 가부장제의 권력 구조, 엄격한 계급 사회, 무수한 신들을 숭배하는 문화 속에서 예수 그리스도에 대한 믿음, 검박한 생활, 서로 구제하는 삶은 이방인들에게 큰 매력으로 다가왔다. 인종, 계급, 성별을 떠나 누구든지 그리스도 예수 안에서 하나(갈 3:28)라는 초대의 말씀은 교회의 진입장벽을 낮췄다. '팍스 로마나'(Pax Romana)라는 로마제국이 선전하는 평화는 권력 있는 자들의 안녕과 질서였지 실제로는 폭력적이고 힘의 논리로 가득한 약육강식의 세계였다. 당시 '믿음으로 의롭게 된다'는 선포는 인간이 그의 배경이 아니라 존재 자체로 받아들여지고 싶은 욕구, 서로 돌볼 수 있는 공동체에 대한 갈망, 그리고 보이지 않는 하나님의 역사 가운데 선교의 불을 지폈다. 바울은 교회의 수많은 질문들, 위기와 갈등, 그리고 자신의 사도성에 의구심을 갖는 이들을 향해 편지를 썼다. 그는 **자신의 경**

험, 즉 용서, 용납, 환대의 경험을 근거 삼아 개 교회의 상황에 맞춰 용서와 사랑을 권면하였다. 따라서 바울의 서신은 신학적으로 일관성 있는 논리 구조를 갖추거나 하나의 공통한 어조만 드러나는 것은 아니다. 때로는 모순적이고, 분노하며, 간구하면서, 예수 그리스도를 믿는 믿음과 복음의 역사를 증언한다. 초대교회에서 용서는 인간과 세계에 대한 이해를 변화시켰다.

첫째, **모든 인간은 하나님의 값없는 은혜로 용서받았다는 사실**이다. "모든 사람이 죄를 범하였으매 하나님의 영광에 이르지 못하더니 그리스도 예수 안에 있는 속량으로 말미암아 하나님의 은혜로 값없이 의롭다 하심을 얻은 자 되었느니라"(롬 3:23-24). 모든 인간은 유대인이나 헬라인이나 죄 아래 존재이지만(롬 3:9) 하나님의 전적인 은혜 가운데 속량하심을 받고 의롭다 하심을 얻게 되었다. 따라서 예수 그리스도를 믿음으로 의롭게 되고, 구원에 이르는 과정은 그리스도인에게 해방과 자유를 의미했다. 죄의 속박으로부터의 자유, 율법으로부터의 자유, 유대인과 비유대인과의 관계에서의 자유, 악한 권력과 세상으로부터의 자유를 포함했다. 따라서 "누구든지 그리스도 안에 있으면 새로운 피조물이라 이전 것은 지나갔으니 보라 새 것이 되었도다"(고후 5:17)는 바울의 선언은 용서가 죄의 말살이라는 협소한 차원이 아니라 근원적으로 인간을 해방하는 사건이자 새로운 피조물이 되었다는 것을 의미했다. 그것은 바울이 용서받은 존재로서 존재론적 전환을 하였고, 이전과 전혀 다른 존재로의 삶을 살고 있기에 가능한 선포였다.

둘째, **용서는 화해의 사역**이다. "하나님께서 그리스도 안에 계시사 세상을 자기와 화목하게 하시며 그들의 죄를 그들에게 돌리지 아니하시고"(고후5:19)라는 말씀은 용서의 중요한 목표가 화해함에 있음을 뜻한다. 신약성서에서 사용하는 죄라는 헬라어 '하마르티아'(άμαρτία)로 어원적으로 "목표에서 벗어나다", "과녁을 빗나가다"라는 의미를 갖는다. 우리의 죄는 위법적 행위나 율법을 어기는 것을 넘어 근원적으로 하나님과의 관계에서 벗어난 것이다. 하나님과 인간의 깨어진 관계, 인간과 인간, 집단과 집단 사이의 분열과 다툼이라는 어그러진 관계는 그리스도의 십자가를 통해 죄와 직면하고 화해로 나아가게 한다. 하나님의 관심은 궁극적으로는 깨어진 관계를 회복하고 화해하는 데 있다. 이 점에서 바울서신에서 많이 쓰인 단어 중 하나가 화목/화해를 뜻하는 헬라어 '**카탈라쏘**'(καταλλάσσω)이다. 이는 어원적으로 "화해하게 하다", "서로 변화하다"라는 의미를 가진다. 용서를 통해 깨어진 관계를 회복하고 화목하게 하는 것은 인간의 변화만을 요청하는 것이 아니다. **인간이 변화하기 전에 하나님이 먼저 아들 그리스도를 보내어 화해의 손을 내미시고, 죄된 인간을 직접 초대하신 것이다.** 바울이 서신에서 종종 "화목하라"(롬 12:18, 고후 5:20, 살전 5:13)고 권면한 것은 **기능적으로는 공동체의 분열을 극복하기 위한 것이지만, 궁극적으로는 하나님과 인간, 교회 공동체의 온전한 관계 회복을 통해 그리스도인으로의 새로운 삶을 요청**한 것이다. 용서는 변화된 공동체의 하나됨과 새로운 질서를 만들어 가는 것이다.

셋째, 용서는 **서로를 용납하면서 새로운 사회적 관계**를 만든다. 인간이 함께 살아가는 존재인 까닭에 교회 내 갈등과 분열은 피할 수 없다. 나와 다른 생각, 다른 이념, 다른 생활방식을 주장하며 생기는 갈등, 계급, 경제적 차이로 인한 상처와 불화, 심지어 공동의 과제를 해결하기 위한 선한 협력에서도 분열은 필연적이다. 바울은 이러한 상황에서 다음과 같이 권면한다. "서로 친절하게 하며 불쌍히 여기며 서로 용서하기를 하나님이 그리스도 안에서 너희를 용서하심과 같이 하라"(엡 4:32), "누가 누구에게 불만이 있거든 서로 용납하여 피차 용서하되 주께서 너희를 용서하신 것 같이 너희도 그리하고"(골 3:13). 교회가 아무리 세상과 구별된 사람들의 모임이라 해도, 우리의 생활방식과 세계

관은 여전히 세상에 몸담고 있다. 차별 없이 누구나 인정받는 하나님의 나라, 값없는 은혜로 구원받은 공동체라 해도, 그리스도인은 한 발은 교회에, 또 다른 한 발은 세상에 딛고 있다. 그럼에도 그리스도인의 정체성은 하나님께 부름 받은 존재로서 의롭게 되었다는 점, 용서받은 존재로서 다른 사람을 용납하고 인내로 기다려 줘야 한다는 점을 부단히 상기해야 한다. 하지만 앞서 언급한 것처럼, 용서받은 존재로 서로를 용서하고, 세상의 악을 넘어 화해로 가야 하지만, 그 과정이 섣부른 용서가 되어서는 안 되고, 강요된 용서가 되어서도 안 된다. 그리스도인은 자칫 '사랑의 이름으로' 교회 공동체에서 또 다른 상처와 고통을 줄 수 있다는 점을 간과해서는 안 된다. 이 점에서 로마서는 "환난은 인내를, 인내는 연단을, 연단은 소망을 이루는 줄 앎이로다"(롬 5:3-4)라고 전한다. 소망은 하나님의 사랑으로 만든 가능성의 씨앗이고, 그것은 **용납받는 이가 새로운 피조물이 되는 과정**이다.

다른 측면에서 용서는 **계급적 차이를 넘어 사회적 관계를 재구조화**한다. 빌레몬서에서 바울은 빌레몬에게 그의 종이었던 오네시모를 '사랑하는 형제'로 받아들여달라고 요청한다. 바울은 이에 대해 권면할 수는 있어도, 강요할 수는 없다. 그럼에도 바울은 빌레몬이 자신을 동역자로 생각한다면, 이제는 네 종의 신분이 아니라 나의 아들이자 신실한 심복이 된 오네시모를 받아줄 수 있지 않는가 제안한다. 우리는 빌레몬의 답변을 알지 못한다. 그러나 용서받은 자이자 은혜 입은 자로서 빌레몬은 바울이 제안한 용서를 거절하지는 않았을 것이다. 그럼에도 우리는 빌레몬은 오네시모를 용서하고 용납하기까지, '무엇이 죄인가'에 대한 성찰과 그 과정에서 발생하는 복잡다단한 감정을 가벼이 여기면 안 된다는 점이다. 때로는 바울도 자신의 사도성을 의심하는 이들에게 저주를 퍼부으며 분노했고, 하나님의 복음을 훼손하는 일에 단호했다. 그러나 또 한 가지는 빌레몬서에 쓴 바울의 제안은 단순히 감정적 화해만은 아니었다. 그것은 **사회 구조적 변혁을 제안**하는 것으로 한 인간의 해방선언이고 급진적인 사회 변화에 대한 바람이기도 했다. 우리가 비록 두 세계에 걸쳐 사는 존재라 해도, 그리스도인에게 세상과 다른 질서, 그것이 하나님 나라가 이 땅 가운데 임하는 방식이자 교회가 지향하는 새로운 정체성임을 증언한다. 용서는 **분열과 갈등을 극복하고 새로운 관계를 만들어** 가면서 또한 세상이 할 수 없는 사랑에 기초한 변화된 사회를 추동해 낸다.

용서, 사랑과 은혜의 증표

인간은 하나님에게 용서받았다는 것은 값없는 은혜이고 선물이다. 성서는 "용서하다"는 단어를 말할 때 다음 두 단어를 사용한다. 첫째, '아피에미'(ἀφίημι)는 **놓아주다, 떠나보내다**라는 의미에서 신학적으로 확장된 용서하다라는 뜻을 지닌 단어이다. 이 단어는 복음서와 바울서신에서 많이 사용된다. '아피에미'는 **우리 안에 죄 된 모습을 놓아버리는 것, 누군가의 빚을 탕감하거나 속박을 풀어주는 행위**로서 용서를 뜻한다(마 3:15, 4:11, 6:12, 14, 15, 막 1:18, 31, 눅 4:29, 5:11,21:6, 요 4:28, 52, 행 14:17, 계 2:20 외). 용서가 과거에 얽매인 모습에서 벗어나 해방과 새로운 존재로의 전환이라는 의미에서 '아피에미'는 용서의 참 의미를 보여주는 단어이다. 둘째, '**카리조마이**'(χαρίζομαι)는 **은혜로 주다, 값없이 선물하다, 용서하다**라는 의미를 갖는다. 은혜를 뜻하는 '카리스'(χάρις)에서 파생된 이 단어는 바울 서신에서 자주 등장한다(롬 8:32, 고전 2:12, 고후 2:7, 12:13, 갈 3:18, 엡 4:32, 골 2:13, 3:13). "서로 용납하여 피차 용서하되 주께서 너희를 용서하신 것 같이 너희도 그리하고"(골 3:13)라는 말씀에서 알 수 있듯이, **공동체의 덕을 세우기 위해 서로 용납하고 용서하는 것은 주께서 행하신 용서를 본받는 일**이고, 선물로 주어진 은혜를 이루는 일이다.

그러나 모든 '용서하기' 과정이 은혜로 포용할 수 있는 것은 아니다. 그리스도인이 지향하는 **용서는 하나님이 인간 한 사람 한 사람을 존재 자체로 받아주셨다는 것을 아는 것에서 시작해야** 한다. 그것은 나 자신을 포함하여 인간의 존엄을 훼손하지 않는 것이다. 타인에게 받은 상처, 집단이나 국가가 자행한 폭력, 불의하고 갑작스러운 사고 중에도 우리는 하나님의 말할 수 없는 은혜로 구원받은 존재라는 점을 잊지 않아야 한다. 그리고 **교회는 상처받은 개인과 공동체에게 섣부른 판단이나 조언, 혹은 용서의 요청을 멈추고, 당사자 곁에서 그의 고난을 공감하고 지지하는 것이 중요**하다. 그렇다고 잘못을 저지른 상대나 집단을 악마화하고 존재를 부정하고 배제하는 것도 옳은 것은 아니다. **사건을 직면하여 식별할 수 있는 지혜, 잘못의 원인과 죄를 인식하는 과정에서 성찰하고 분노하는 것, 그리고 당사자들이 안전하게 상처를 치유하고 다음 단계로 나아갈 수 있도록 인내하고 지혜를 모으는 것이 중요**하다.

용서는 쉬운 일이 아니다. 용서를 뜻하는 영어 단어 'forgive'는 포기하다(give up)에서 나온 말이라고 한다. 다시 말해 **용서는 무언가를 포기하는 것이다.** 그것은 분노나 복수심 그리고 보상받고자 하는 마음일 수 있다. 이 과정에서 신앙이나 교회를 저버리지 않도록 해야 한다. 목회 현장에서 보면 가정과 사회 그리고 교회에서 일어나는 수많은 '용서하기'의 과정에서 그리스도인들 혹은 공동체가 용서를 은혜와 사랑이라는 뜬구름에 띄워버린다. 고난의 갈증을 해소하고 분노를 다시 사유할 수 있는 가장 실제적인 방식으로 함께 이야기해야 한다. 이 점에서 **아나니아가 보여준 용납과 환대는 취약한 존재의 곁에 서는 것이 무엇인지 생각하게 한다.** 그것은 용서받은 우리가 적극적으로 용서를 실천하는 방법이다.

용서는 은혜 안에서 주어지는 새로운 존재의 선언이고, 교회의 정체성을 형성하며 덕과 질서를 만들어 가는 과정이다. 또한 세상의 질서에 대항하여 하나님과 세상의 관계 맺음을 통해 진정한 화해를 이루는 일이다. 그리스도인에게 하나님의 용서는 자유와 해방의 사건이고, 사회적으로 용서는 은혜와 사랑에 기초하여 서로 용납하고 환대하는 새로운 질서를 만드는 사건이다. 새로운 관계는 **생명을 회복하는 일**이다. 우리는 그것을 구원이라고 말한다. 하지만 구원은 단 한 번의 사건이 아니다. 그리스도인의 삶에서 성실하게 이루어 가는 여정이라는 점에서 용서는 삶에서 가장 실천적이고, 윤리적이며, 삶과 공동체를 돌보는 실제적인 사랑이다.

참고문헌

강남순. 『용서에 대하여』 (파주: 동녘, 2017).

존 M.G. 바클레이. 『단숨에 읽는 바울』 (서울: 새물결플러스, 2018).

성신형, 김선욱. "용서에 대한 성서적 의미 탐구와 기독교사회윤리해석." 『기독교사회윤리』 (제46집, 2020).

Part 4

교육목회의 실제

1. '용서받은 나'가 '사랑하는 우리'로 성장하기
    : 교육신학의 관점에서 바라본 용서와 사랑
2. 용서, 자신을 내어주는 십자가의 사랑
    : 용서와 영성훈련
3. 용서, 회개와 책임 그리고 긍휼과 사랑
    : 목회상담학의 관점에서 본 용서와 사랑
4. 용서, 화해의 정의
    : 삶 속의 용서와 화해 - 갈등해결훈련
5. 예배, 용서와 사랑의 영을 구하는 일상
    : 예배교육
6. 용서와 사랑의 첫 교실, 가정
    : 용서를 실천하는 가정예배 이해와 가정예배 매뉴얼
7. 용서, 찾아가는 사랑
    : 디아코니아 교육을 통한 사랑의 실천-사마리아여인을 중심으로
8. 역사 속에서 용서와 사랑을 만나다
    : 역사현장 탐방 프로그램을 중심으로
9. 생태계의 신음에 용서를 구하다
    : 생태환경교육

'용서받은 나'가
'사랑하는 우리'로 성장하기

교육신학의 관점에서
바라본 용서와 사랑

고원석 교수
[장로회신학대학교 기독교교육과]

들어가며

오늘날 우리가 살아가는 사회에는 수많은 갈등 상황이 존재하고 있으나 그 해결 방법을 찾아내기가 쉽지 않다. 어쩌면 사회는 교회를 향해 신앙의 핵심 가치인 '용서'와 '사랑'을 효과적으로 가르치고 실천으로 이끌 수 있는 대안을 요청하고 있는 것인지도 모른다. 그런 점에서 "용서받은 나, 사랑하는 우리"라는 주제는 개인의 신앙 체험이 공동체 안에서 구체적인 용서와 사랑의 행위로 확장될 수 있는 가능성과 방향을 모색하려는 교회의 시대적 사명이다.

그러나 실제 교회교육 현장에서 '용서'와 '사랑'이라는 개념은 아동과 청소년에게 추상적으로 느껴져, 신앙의 진리를 실제 삶과 경험에 연결시키는 데 어려움이 있다. 이러한 현실은 신앙교육이 교리 전달과 일상적 경험 간의 괴리를 극복하지 못하고 본질적 의미를 효과적으로 전달하지 못하는 한계로 나타난다. 따라서 교육신학은 신앙적 진리를 교육학적 접근과 조화시켜, 학습자의 인지와 생활 세계에 맞는 방안을 모색할 필요가 있다. 본 연구는 이러한 문제의식 아래, '용서받은 나'로서 경험한 개인의 구원이 '사랑하는 우리'라는 공동체적 실천으로 확장되

는 과정을 교육신학적 관점에서 탐구하며, 신앙교육 현장에서 그 실천적 방향을 제안하고자 한다.[1]

십자가 구원의 진리

"이는 성경대로 그리스도께서 우리 죄를 위하여 죽으시고"(고전 15:3) 이 말씀에는 초대교회부터 전해 온 중요한 신앙고백이 담겨 있다. 여기서 중심은 십자가 사건이다. 십자가는 기독교를 대표하는 상징이며, 기독교 신앙의 역사는 십자가에서 출발한다. 신앙의 정체성과 의미 또한 십자가를 통해 드러난다. 루터(M. Luther)는 "십자가가 모든 것을 판단한다"(Crux probat Omnia)라는 말을 통해, 십자가가 기독교 신앙 이해의 기준이자 핵심임을 분명히 했다. 따라서 기독교는 십자가의 종교라고 할 수 있다.[2]

다시 고린도전서 15장 3절에 주목하면, 먼저 언급되는 것은 인간의 죄 문제다. 사도 바울은 그리스도의 죽음을 인간의 죄와 결부시켜 이해하고 있으며, 그분이 인간의 죄를 대신하여 죽으심으로 우리가 구원을 받는다고 증언한다. 초대교회 성도들이 십자가를 해석할 때 가장 우선시한 것도 바로 인간의 죄 문제였다. 신학은 죄를 크게 두 범주로 구분해 설명한다. 첫째는 자범죄로, 잘못된 행위 또는 규범 위반과 같은 구체적 범법 행위를 뜻한다. 성경 속 가인의 살인(창 4:1-8), 소돔과 고모라의 범죄(창 18:20) 등이 그 예이다. 그러나 기독교 신학이 죄의 심각성을 설명할 때 더 중점을 두는 것은 인간의 죄성이라는 존재론적 차원이다. 이는 하나의 초인간적인 세력으로서 인간이 피할 수 없는 숙

---

1) 이 글은 필자의 글, *Kindgemäß, lebendig und dialektisch: Martin Rangs Bibeldidaktik des tua res agitur* (Münster: Lit, 2005)와 "아동들에게 죄와 구원을 어떻게 가르칠 것인가? - 신학적 의미이 경험적 관찰간의 비판적 대화", 『기독교교육논총』15(2007), 131-169의 내용에서 발췌한 것임.

2) Martin Luther, *Kritische Gesamtausgabe(WA)* 5 (Weimar 1883), 179. Paul Althaus, 구영철 역, 『마르틴 루터의 신학』(서울: 성광문화사, 1994), 51-63. Bernhard Lohse, 정병식 역, 『마틴 루터의 신학』- 역사적, 조직신학적 연구. (서울: 한국신학연구소 2002), 61-65.

명적 상태를 의미한다. 시편 기자는 "죄악 중에서 출생하였음이여"(시 51:5)라고 고백하며, 바울은 "내 속 곧 내 육신에 선한 것이 거하지 아니하는 줄을 아노니"(롬 7:18)라고 표현하면서 인간의 전 존재에 깊이 뿌리내린 죄성을 증언하였다. 이처럼 피할 수 없는 죄의 지배는 원죄라는 교리로 이어졌다. 원죄는 생물학적 유전 개념이라기보다는, 인간이라면 누구나 죄의 세력 아래 놓여 있다는 실존적 표현이다. 그러나 이 교리는 때로 도덕적 책임을 약화시킨다는 비판 속에 거부되기도 했다.[3]

그럼에도 불구하고 십자가 사건을 선포할 때 언제나 죄성을 강조하는 이유는, 기독교의 궁극적 관심이 구원에 있기 때문이다. 바르트(K. Barth)가 지적했듯이,[4] 인간의 죄 인식은 곧 그리스도의 인식과 결합된다. 스스로의 힘으로는 죄에서 벗어날 수 없는 인간이 오직 그리스도의 십자가 대속 사건을 통해서만 해방을 얻는다는 것 이것이 기독교 신앙의 중심 진리이다. 죄성으로부터 구원받는다는 것은 단순히 죄 사함을 넘어 새로운 존재로의 변화를 뜻한다. 성경은 이를 '거듭남'(요 3:7), '중생'(딛 3:5)으로 표현한다. 바울이 말한 것처럼 옛 사람은 십자가와 함께 죽고, 새로운 생명으로 다시 태어난다.[5]

이러한 구원에 대한 인식은 기독교 역사 안에서 늘 확인돼 왔다. 십자가를 통해 드러나는 인간의 죄성과 그리스도의 구원 사건은 오늘날 우리 역시 고백하고 인정해야 할 신앙의 핵심이다. 기독교는 죄의 심각성을 인정하고, 동시에 십자가 안에서 새 생명과 자유를 얻는 구원의 소식을 증언하는 종교이며, 그 중심 자리에 언제나 십자가가 서 있다.

---

3) Heinrich Ott, 김광식 역, 『신학해제』 (서울: 한국신학연구소, [10]1988), 163-165, 227-229. Horst Georg Pöhlmann, 이신건 역, 『교의학』 (서울: 한국신학연구소, 1989), 223-229, 236-238.

4) Karl Barth, *Die kirchliche Dogmatik IV/1* (Zollikon-Zürich, 1953), 444-445.

5) Wilfried Härle, *Dogmatik* (Berlin: De Gruyter, 2000), 335-338.

교육신학의 관점에서 바라본 용서와 사랑

중생의 교육신학적 어려움

"아빠가 어떻게 다시 태어날 수 있죠?" 이 질문은 필자가 독일 유학 시절 섬겼던 교회의 초등학교 어린이의 질문이다. 얼마 전 이 어린이의 아빠가 영적 회심을 하고 신앙을 갖게 되었다. 이 어린이는 그 회심을 통해 자신이 "다시 태어났다"라는 의미의 중생(重生) 경험을 이웃에게 이야기한 아빠의 말이 도무지 이해가 되지 않았던 모양이다. 그래서 교회학교 지도 목사였던 필자에게 달려와서 물었던 것이다.

니고데모의 질문 "사람이 늙으면 어떻게 다시 날 수 있사옵나이까"(요 3:4)를 연상케 하는 이 질문은 사실 교육신학이 가장 고민하는 문제의 핵심을 다루고 있다. 교육신학은 기독교의 진리를 내용으로 하는 신학적 학문임과 동시에, 교육의 대상자인 학습자의 이해 수준을 고려해야 하는 교육학적 학문이다. 문제는 이 교육과 신학, 두 가지의 측면이 상호 조화를 이루기에 어려운 요소들이란 점이다. 이것은 신앙교육의 역사 속에서도 드러나고 있다. 교회는 역사 속에서 기독교적-신학적 내용을 강조할 것인가 아니면 학습자에 대한 교육적 측면을 강조할 것인가 사이에서 시소처럼 오르락내리락 해왔기 때문이다.[6] 신학적 측면이 강조되면, 학습자에 대한 이해와 교육학적 측면이 약화되기 마련이고, 교육학적 측면이 반대로 강조되면 기독교의 내용이 허술하게 다뤄질 가능성이 높아지게 된다. 이 양자 사이에서 교회교육의 지도자들과 교사들은 곤혹스러움을 면치 못하고 있는 것이 오늘의 현실이다.

---

6) Wilhelm Sturm, "Religionspädagogische Konzeptionen", in: *Religionspädagogisches Kompendium*, hrg. von Gottfried Adam/Rainer Lachmann (Göttingen: V & R, 1997), 37-83; Donald Miller, 고용수/장종철 역, 『기독교교육개론』 (서울: 한국장로교출판사, 1988), 143-147을 참조하라.

구원의 교육신학적 표현: 용서

구원이란 인간이 새로운 존재로 다시 태어나는 하나님 능력의 사건이다. 그리스도인은 예수 그리스도의 십자가 죽음을 통해 죄 사함을 받고 새로운 존재가 되었음을 고백하며, 이를 성경은 '거듭남' 혹은 '중생'으로 표현한다. 그러나 이러한 개념은 성인에게도 쉽지 않은 주제이기에 어린이들에게는 더욱 이해하기 어려운 문제일 수밖에 없다. 니고데모가 질문했던 것처럼, 아이들에게 **다시 태어난다는 것**은 곧 육체적으로 어머니 뱃속에서 다시 나오는 것처럼만 이해되기 때문이다. 따라서 구원의 교육은 '거듭남'의 개념을 직접 가르치는 것보다, 어린이들이 이해할 수 있고 경험할 수 있는 용서의 차원에서 접근하는 것이 바람직하다.

중생은 인간 실존의 근본적 변화, 곧 죄된 존재가 하나님의 은혜 안에서 새로워지는 것을 뜻한다. 이는 억압과 위협 속에 갇힌 인간의 실존과 직결되기에 신학적으로 깊은 차원을 지니지만, 어린이의 사고 수준으로는 쉽게 받아들이기 어렵다. 반대로 용서는 구체적인 잘못으로 인해 단절된 관계가 회복되고 지속되는 것을 의미한다. 용서는 존재의 근본적 변화보다는 관계의 파괴와 화해에 초점이 맞춰져 있기 때문에, 어린이들이 실제 경험 속에서 쉽게 이해할 수 있다. 친구 사이에, 형제간에, 자주 일어나는 갈등과 화해의 경험이 그 대표적인 예이다.

이런 관점에서 어린이들의 죄 이해도 성인과는 구별된다. 아이들은 악에 대한 도덕적 직관이 '권선징악'의 사고로 표현되며, 선한 인물에 대해서는 동정심과 공감을 하지만, 악인의 벌에 대해서는 연민을 거의 느끼지 않는다. 따라서 어린이에게 죄란 존재론적 문제라기보다는 잘못된 행동, 곧 구체적 범법 행위로 인식된다. 성서가 말하는 "존재 자체가 죄인"이라는 깊은 죄 이해는 어린이들의 경험과 의식 수준에서는 아직 다가오지 않은 차원의 것이다.

이 점을 고려하여 독일의 기독교교육학자 랑(M.Rang)은 구원의 개념을 아이들에게 가르칠 때, 존재론적 죄와 구속의 개념보다는 용서의 차원에서 접근하는 것이 효과적이라 주장한다. 왜냐하면 구속의 의미 속에는 인간 실존 전체의 변혁이 전제되지만, 용서는 구체적 행동에 근거한 관계의 회복이라는 일상적 경험과 맞닿아 있기 때문이다.[7] 실제로 아이들은 일상에서 관계가 틀어졌다가 화해하는 경험을 자주 겪는다. 그런 경험 속에서 용서를 통한 화해를 설명한다면, 아이들은 구원의 의미를 더 깊고 자연스럽게 받아들일 수 있다. 결국 아동기 신앙교육에서 구원은 곧 **용서를 통한 관계 회복**으로 풀어내는 것이 바람직하다. 이는 아이들이 경험하는 삶의 언어와 신앙의 진리를 잇는 다리가 되며, 점차적으로 구원의 더 깊은 의미, 곧 존재적 변화와 연결될 수 있는 길을 열어준다.

구원받은 인간의 구체적 응답: 사랑

랑은 아동의 신앙을 **예수 사랑**이라고 명명한다. 아동의 신앙은 성인처럼 구원자 되신 예수에 대한 내적 투쟁이나 비판적 성찰에서 비롯되기보다는, 오히려 약하고 불쌍하며 병든 자 곁에서 그들을 돕고 위로하는 분으로서의 예수를 동경하는 마음에 기초한다. 즉, 아동이 이해하는 예수의 모습은 위대한 구속자라기보다 언제든 도움을 주는 친구이자 보호자에 가깝다. 아동이 느끼는 신앙의 핵심은 부모와 가족과의 관계처럼 인격적인 친밀함이며, 여기서 비롯되는 따뜻한 감정과 체험이다. 그래서 랑은 아동의 신앙을 **내면적 감성**에 기초한 신앙이라고 보았고, 나아가 아동이 경험하는 용서의 관계는 결국 사랑의 관계로 구체화된다고 설명한다.

랑은 또한 아동의 신앙적 특징 중 하나를 즉흥성으로 보았다. 어린

---

7) Martin Rang, *Handbuch für den biblischen Unterricht II* (Tübingen: Fürcht ³1948), 48-51.

이의 천진난만함, 솔직함, 때로는 엉뚱해 보이는 반응은 이 즉흥적 성향에서 비롯된다.[8] 중요한 점은, 랑이 이러한 즉흥적인 성격을 단순히 미성숙으로 보지 않고, 오히려 사랑의 본질과 연결시켰다는 것이다. 사랑이란, 규칙이나 계산에 따라 이루어지는 것이 아니라 예상치 못한 순간 타자의 필요와 부름에 마음이 열리며 드러나는 즉흥적 응답이라는 것이다. 어린이는 상대방의 상황에 감동받으면, 순간적으로 장벽을 넘어 행동에 나설 수 있는데, 이런 즉흥성 자체가 사랑의 핵심적인 본질과 맞닿아 있다는 해석이다. 즉, 아동은 오랜 도덕적 성찰이나 윤리적 체계에 기초해서가 아니라 활발하고 생동적인 감정의 동요와 직관을 통해 사랑을 실천할 수 있는 내적 자원을 지니고 있는 것이다.[9]

이 같은 이해는 선한 사마리아인의 비유(눅 10:25-37) 해석에 반영된다. 랑은 '이웃 사랑'이라는 명제가 고상한 윤리적 이상처럼 추상적으로만 머물러서는 안 되며, 오히려 구체적인 상황 속 낯선 사람의 고통에 즉각 응답하는 행위 속에서 이루어진다고 보았다. 예수께서 "누가 이웃이 되어 주었느냐"라고 물으신 장면에서도 관심의 초점은 윤리적 원리에 있지 않고, 타자의 요청에 **즉흥적으로 응답할 수 있는 내 마음의 변화와 행동**에 있다. 사마리아인의 행위는 고상한 원칙에서 비롯된 의무가 아니라, 눈앞에 쓰러져 있는 낯선 타자를 향한 순간적 응답에서 나온 것이다.

따라서 어린이에게 있어서 사랑은 거창한 윤리적 가치의 실현이 아니라 관계의 장벽을 넘고, 심지어 원수라 할지라도 곤경에 처한 자를 친구로 받아들이며 순간적으로 행동으로 옮기는 실천이다. 사랑은 시도이자 모험으로, 기존의 이웃 이해의 한계를 실제 행위를 통해 넘어서는 것이다. 아동의 즉흥성은 바로 이러한 사랑의 가능성으로 이어지며,

---

8) Martin Rang, Erwachsener und Kind, *WPB* 14(1962), 437-438.

9) Martin Rang, *Handbuch für den biblischen Unterricht II* 282-283.

이는 용서와 더불어 아동 신앙의 중요한 핵심으로 자리 잡는다.

아동의 용서에 대한 경험적 고찰

피아제의 도덕발달 이론의 시사점

피아제(J. Piaget)의 인지발달이론을 통해서 얻게 되는 통찰은, 먼저 아동들의 인지가 소극적인 정보수용의 모습이 아니라, 각 단계마다 외부의 지식이나 정보를 주체적으로 인지해내는 논리구조를 소유하고 있다는 점이다. 같은 정보와 지식도 발달단계에 따라 지식을 조작하는 저마다의 방식이 있음을 보고하고 있다. 또 한 가지, 각 발달 단계는 순차적인 발달 과정을 밟는다는 것이다. 곧 감각운동기로부터 전조작기, 구체적 조작기, 그리고 형식적 조작기의 단계적인 순서로 인지가 발달하는 것이지, 사람의 능력에 따라 전조작기에서 구체적 조작기를 건너뛰어 곧바로 형식적 조작기의 인지 단계로 넘어갈 수는 없다는 것이다. 상징적, 추상적 인식은 구체적인 논리적 인식 단계를 거친 후, 형식적 논리적 단계에서 성취 가능한 인지적 논리라는 것이다. 인지발달이 순차적인 단계를 밟아 진행된다는 통찰은 신앙교육에 있어서, 특히 기독교의 교리와 상징을 교육하고 학습하는 과정에서 주의 깊게 새겨들어야 할 대목이다.[10]

피아제는 자신의 인지적 견해를 아동의 도덕성 발달에도 적용시켜 연구한 바 있다.[11] 아동이 언어를 배우기 전에 해당하는 0-2세의 시기(감각운동기)에는 도덕 발달이 아직 일어나지 않는다고 보았고, 그 이후 나타나는 인지발달 이론의 각 단계에 따라 도덕 발달도 단계적으로

---

10) Gerhard Büttner/Veit-Jakobus Dieterich, hrg. *Die religiöse Entwicklung des Menschen* (Stuttgart: Calwer, 2000), 10.

11) Jean Piaget, *The Moral Judgment of the Child*, trans. by Majorie Gaban (Glencoe: Free Press, 1948).

나타난다고 보았다. 그래서 피아제는 인지발달이론의 前조작기를 자기중심적 도덕 발달시기(3-7세)로, 구체적 조작기와 형식적 조작기는 인지발달이론의 명칭을 그대로 사용하여 구체적(7-12세) 그리고 형식적(12세 이후) 단계로 도덕성이 발달한다고 보았다. 다음에 제시되는 예는 아동들의 도덕적 개념을 이해하는 중요한 실마리를 제공한다.

> A : 존은 저녁을 먹으라는 소리를 듣고 식당으로 달려갔다. 식당 문 뒤에는 있던 의자 위에는 열다섯 개의 컵이 올려져 있는 쟁반이 있었다. 존은 문 뒤에 무엇이 있는지를 알 수 없었다. 그가 문을 열고 들어갔을 때, 문이 쟁반을 넘어뜨렸고 열다섯 개의 컵이 모두 깨지고 말았다.

> B : 헨리는 어느 날 어머니가 외출하고 집에 없을 때 찬장에 있는 과자를 몰래 꺼내 먹으려고 했다. 사실 그것은 금지된 행동이었다. 헨리는 의자를 밟고 올라가 찬장으로 팔을 뻗었다. 그러나 과자가 너무 높은 곳에 있어서 그것을 꺼낼 수가 없었다. 결국 헨리는 과자를 꺼내려고 하다가 그만 컵을 하나 건드려 컵이 바닥에 떨어져 깨져버렸다.[12]

이 두 이야기는 아동의 의도와 벌어진 결과 사이에 나타나는 도덕적 견해를 밝히려는 도구 역할을 한다. 존은 악의가 없었지만 결과적으로 큰 피해를 가져왔고, 헨리는 작은 피해를 가져왔지만 내적으로 불손한 동기를 가지고 있었다. 연구 결과에 따르면, 이 이야기를 들은 대다수의 취학 전 아동들은 헨리의 의도성보다는 결과적으로 큰 피해를 가져온 존의 행동이 더 잘못됐다고 말했다. 그러나 대부분의 부모들은 엄마 몰래 과자를 먹으려고 했던 헨리의 행동이 더 잘못이라고 생각했다. 결국 어린 아동들은 도덕적 판단을 내리는데 있어서 구체적으로 드러난

---

12) Donald Miller, 『기독교교육개론』 195.

결과와 피해에 주목하고 있다. 존이 결과적으로 열다섯 개의 컵을 깼고, 헨리가 한 개의 컵을 깼다면, 행동의 의도와는 상관없이 더 많은 피해를 가져온 존의 행동이 도덕적으로 더 나쁜 행동이라는 것이다. 이러한 구체적 도덕적 단계는 청소년기의 형식적인 도덕 발달 단계로 들어서면 도덕성을 판단하는 데 있어서 내적 동기를 더 중요한 요소로 생각하게 된다.[13]

용서에 대한 아동의 이해

독일의 여성 기독교교육학자 침머만(M. Zimmermann)은 아동들과의 대화를 통해 아주 인상적인 연구를 시도하였다. 다름 아닌 아동의 '용서' 이해에 대한 경험적 연구를 시도한 것이다.[14] 그녀는 초등학교 1~4학년 아동 9명을 대상으로 그들의 생활 속에서 경험 가능한 사례를 이야기로 들려준 뒤 준비된 몇 가지 질문에 대한 답변을 유도하며 답변에 대한 내용을 중심으로 10분가량의 추가적인 대화를 나누었다. 이야기로 들려준 사례는 다음과 같다

안네(7살)가 언니 리사(11살)와 심하게 다투었다. 화가 풀리지 않은 안네는 가만히 있을 수가 없었다. 그래서 안네는 리사의 방으로 가서 리사가 아주 아끼는 물건이 무엇일까 찾기 시작했다. 순간 리사가 새로 산 반짝거리는 만년필을 발견했다. 안네는 만년필을 종이 위에 대고 세게 눌러서 만년필 촉을 망가뜨려 더 이상 리사는 그 만년필을 사용할 수 없게 되었다. 망가져 버린 만년필을 발견한 언니 리사는 울면서 엄마에게로 달려왔다. 엄마는 안네가 한 짓일 거라는 생각에 안네에게 물었지만 안네는 모르는 일이라고 잡아뗐다. 저녁에 엄마가 안

---

13) 같은 책, 195-196. 피아제의 도덕발달이론에 대한 개략적 설명으로는 권육상/이명재, 『인간행동과 사회환경』 (서울: 대영문화사, 2002), 237-238을 참조하라.

14) Mirjam Zimmermann, "Sünde in der Kindertheologie", *Glaube und Lernen* 20 (2005), 142-152.

네에게 와서 이야기를 나누었다. 그때서야 안네는 자신이 한 일을 실토하면서 이렇게 말했다 "전 이미 하나님께 용서해 달라고 기도했어요. 그러니 리사 언니에게 또다시 용서를 빌 필요는 없을 거예요!"[15]

면담자는 위의 사례 이야기의 끝부분에 소개되고 있는 안네의 말, "전 이미 하나님께 용서해 달라고 기도했어요. 그러니 리사 언니에게 또다시 용서를 빌 필요는 없을 거예요!"를 가지고 아이들에게 질문을 던졌다. "안네가 자신의 잘못에 대해 하나님께 용서를 빌었던 행동은 그것으로 충분한 것일까?" 놀랍게도 면담자의 질문에 대부분의 아동들은 "그렇지 않다"라고 대답하고 있다. 흥미로운 사실은, "그렇다면 리사 언니에게만 용서를 빌면 될까?"라는 면담자의 질문에 대해서도 "아니다"라고 인터뷰에 참가한 대다수의 아동들이 대답하고 있다는 점이다. 비록 안네가 언니 리사에게 잘못을 행한 것이지만, 용서를 해 주시는 분은 하나님이라고 아동들이 대답하고 있다. 결국 잘못(죄)에 대한 이중적인 죄의 용서를 빌어야 한다는 것이며, 사람들 간의 죄(수평적 차원)도 하나님(수직적 차원)과 깊은 관련성이 있음을 아동들은 확신하고 있었던 것이다. 다음은 10살 어린이 테레사의 대답이다.

    면담자: 안네가 말한 것에 대해서 어떻게 생각하니?
    테레사: 하지만 리사에게도 잘못을 빌어야만 해요.
    면담자: 왜 그렇지?
    테레사: 리사의 만년필이니까요, 하나님의 만년필이 아니잖아요.
    면담자: 음, 하지만 하나님께서 안네를 용서해 주셨으면 그것으로 충분하지 않을까?

---

15) 같은 책, 144. 이곳에 소개된 사례 이야기를 번역하는 과정에서 필자는 본문 내용의 이해를 용이하게 하기 위해 약간의 내용을 수정·번역하였음.

테레사: 아니요. 충분하지 않아요. 리사가 아직 안네를 용서하지 않았으니까요.

면담자: 그럼 만일 안네가 언니 리사에게만 용서를 빌었다면…?

테레사: 아니요. 그것도 충분하지 않아요.

면담자: 그럼 어떻게 해야 하지?

테레사: 하나님과 리사 모두에게 잘못을 구해야 해요.

면담자: 왜 둘 모두에게 잘못을 구해야 하지?

테레사: 만년필은 리사의 것이었고, 죄는 하나님이 용서해 주시는 것이니까요.[16]

테레사에게 있어서 죄의 차원이 수직적 차원과 수평적 차원으로 구별되고 있음을 확인할 수 있다. 특히 "만년필은 리사의 것이었고, 죄는 하나님이 용서해 주시는 것이니까요"라는 표현에서 이중적인 사죄(謝罪)가 필요하다는 것은 주목할 만하다. 물질적인 피해에 대해서는 물건의 주인과 해결을 해야 하겠지만, 용서(Vergebung)와 관련하여서는 오직 하나님과 관련된다는 사고는 인간 사이에서 저질러지는 모든 잘못도 결국 하나님과 관련된다는 신학적 성찰과 다름이 없다.

마치면서

필자는 지금까지 교육신학의 관점에서 십자가 구원의 신학적 의미와 그에 따른 '용서'와 '사랑'의 교육적 함의를 고찰하였다. 신앙의 본질인 구원은 죄성 인식과 그리스도의 대속 사건으로부터 출발하며, 죄 사함을 넘어 새로운 존재로 전환까지 확대된다. 이러한 신학적 진리는 아동과 청소년 교육에 있어 추상적 개념보다는 구체적 경험과 관계 회복의 언어로 전달되어야 한다. 특히, 용서를 통한 관계의 회복이 신앙

---

16) 같은 책, 146.

교육의 출발점이며, 사랑은 규범적인 윤리보다 즉흥적이고 실천적인 차원에서 이해되어야 한다. 아동의 인지 및 도덕 발달단계에 따른 신앙교육은 경험적 연구와 인지심리학적 근거를 결합하여 설계되어야 할 것이다.

한국 교회교육은 신앙의 본질을 교육할 때, 학습자의 인지적·정서적 특성을 고려한 교육학적 접근을 강화해야 한다. 단순한 교리 전달을 넘어 아동과 청소년의 실제 삶과 신앙 경험을 긴밀히 연결하고, '용서'와 '사랑'이 삶 속에서 구체적으로 실천되는 여건을 조성해야 한다. 교사는 신앙교육 내용의 의의를 쉽고 명확하게 전달하고, 관계 회복과 사랑 실천을 경험할 수 있도록 다양한 교육 방법을 개발해야 한다. 특히, 공동체 내에서 '용서받은 나'가 '사랑하는 우리'로 성장할 수 있는 교육적 환경 조성에 주력해야 한다. 이를 위해 교회는 모든 연령대를 아우르는 포괄적이고 통합된 신앙교육 모델을 구축하고, 실질적인 변화를 추구해야 할 것이다. 이러한 노력이 한국 교회교육이 신앙의 근본 가치를 효과적으로 전달하고, 건강한 신앙공동체를 육성하는 데 기여할 것이다.

참고문헌

Paul Althaus. 『마르틴 루터의 신학』. 구영철 역. 서울: 성광문화사, 1994.

Karl Barth. *Die kirchliche Dogmatik IV/1*. Zollikon-Zürich 1953.

Gerhard Büttner/Veit-Jakobus Dieterich. Hrg. *Die religiöse Entwicklung des Menschen*. Stuttgart: Calwer, 2000.

Winfried Härle. *Dogmatik*. Berlin: De Gruyter, 22000.

Bernhard Lohse. 『마틴 루터의 신학』- 역사적. 조직신학적 연구. 정병식 역. 서울: 한국신학연구소, 2002.

Martin Luther. *Kritische Gesamtausgabe(WA)* 5. Weimar. 1883.

Donald Miller. 『기독교교육개론』. 고용수/장종철 역. 서울: 한국장로교출판사, 1988.

Heinrich Ott. 『신학해제』. 김광식 역. 서울: 한국신학연구소, [10]1988.

Jean Piaget. *The Moral Judgment of the Child*. trans. by Majorie Gaban. Glencoe: Free Press, 1948.

Horst Georg Pöhlmann. 『교의학』. 이신건 역. 서울: 한국신학연구소, 1989.

Martin Rang. *Handbuch für den biblischen Unterricht II*. Tübingen: Fürcht. [3]1948.

Martin Rang. Erwachsener und Kind. WPB 14(1962).

Wilhelm Sturm. "Religionspädagogische Konzeptionen". in: *Religionspädagogisches Kompendium*. hrg. von Gottfried Adam/Rainer Lachmann. Göttingen: V & R [5]1997. 37-86.

Mirjam Zimmermann. "Sünde in der Kindertheologie." in: *Glaube und Lernen. Zeitschrift für theologische Urteilsbiludng*. 20(2005). 142-152.

고원석. **Kindgemäß**. lebendig und dialektisch: Martin Rangs Bibeldidaktik des tua res agitur. **Münster**: Lit. 2005.

권육상, 이명재. 『인간행동과 사회환경』. 서울: 대영문화사, 2002.

용서, 자신을 내어주는 십자가의 사랑

용서와 영성훈련

김경은 교수
[장로회신학대학교 영성신학]

들어가며

사람들은 다양한 차원의 관계 속에서 살아간다. 본질적으로 관계성을 가진 존재이기 때문이다. 사회가 점점 다변화하고 세분화되며 초개인주의가 심화하고 있는 오늘의 시대에도 새로운 관계 맺기는 계속해서 필요하고 또 요구된다. 최근 급속도로 발전하며 빠르게 우리 삶의 한 부분으로 자리 잡아가고 있는 인공지능(AI)조차 사용자와의 관계성이 중요하다고 말할 정도로, 관계성은 인간이 활동하는 모든 영역에 적용되는 용어가 되었다. 이렇듯 관계의 범주는 끝없이 확대되고, 그에 비례하여 갈등과 분열, 관계의 깨어짐도 계속해서 양산된다. 그만큼 적대와 용서라는 주제는 피할 수 없는 주제가 되었다.

용서가 피해자의 인간성 회복과 가해자와의 인격적 관계 재창조를 위한 일이라는 점에서 용서와 관련된 관계성은 세 차원으로 나누어진다. 하나님과의 관계, 자신과의 관계, 타인과의 관계이다. 이 세 차원의 용서를 이해하고 실천하기 위해 가장 핵심이 되는 것은 하나님과의 관계이다. 창조를 통해 사랑의 심원한 시작을 열어주신 하나님께서 용서를 통해 사랑의 정수를 보여주시며, 용서받고 사랑받은 사람으로 살아야 할 이유를 우리에게 심어주셨기 때문이다. 하나님의 용서하시는 사랑은 인간 사이의 용서가 가능하게 하는 토대가 된다. 용서는 사람의 능력으로 가능한 일이 아니며 본질적으로 하나님의 일이기 때문이다. 따라서 하나님께 용서받은 사람이라는 정체성이 분명할 때, 자기 자신을 용납하고 타인을 용서하는 힘이 우리 안에 샘솟을 수 있고 흘러갈 수 있다. 하나님의 사랑과 용서를 깊이 경험하는 것은 우리를 용서할 수 있고 사랑할 수 있는 사람으로 성장하게 하며 더 온전한 삶으로 나아가게 한다.

세 차원의 관계에서 용서

하나님의 용서 : 하나님의 사랑을 받아들이기

하나님과의 관계에서 용서는 조건 없이 주어지는 은혜이다. 회개하기 이전에 미리 주어지는 구원이자 용납이며, 하나님의 공동체 안으로 따뜻하게 맞아주시는 환대이다. 이 용서를 받기 위해 인간이 해야 할 일은 아무것도 없다. 완전한 사랑을 주시려는 하나님의 일방적 선택과 결정이기에 받아들이는 것 이외에 달리 필요한 것은 없다. 하나님의 용서는 하나님의 사랑에서 흘러나와 강물처럼 우리에게로 흐른다. 창조의 사랑이 용서의 사랑으로 이어지는 것이다. 자기를 내어주신 사랑의 완결체인 십자가가 보여주듯, 하나님의 사랑은 십자가 아래 있는 우리를 향해 끊임없이 흘러내린다.

대가 없이 용서하시는 하나님의 관대한 사랑이 기대하는 단 한 가지는 용서받은 사람들이 변화되는 것이다. 사랑받은 사람답게 충만하게 살아가고 새로운 방식의 삶을 걸어가는 것이다. 그래서 하나님의 용서를 경험한 사람은 메마르고 거칠었던 내면에 생수가 흐르듯 생동감을 얻으며, 황량하고 차가웠던 영혼은 따뜻하고 평화로워진다. 그렇게 용서하시는 사랑을 받은 경험은 새로운 사랑을 싹틔우고 키워낼 수 있는 부드러운 토양이 된다. 죄로 인해 깨어진 세상을 용서라는 이름의 사랑으로 품어주신 하나님은 우리 또한 사랑받은 자라는 이름으로 깨어진 세상을 껴안으며 사랑하기를 원하신다.

자신에 대한 용서 : 사랑받는 사람이라는 정체성으로 살기

자신과의 관계에서 용서는 자신에 대한 인식과 태도의 변화를 의미한다. 자기 잘못과 실수로 인해 손상된 부분이 있다고 하더라도 새롭게 시작할 수 있고 완성을 향해 갈 수 있는 존재로 대하며, 자신에게 친절을 베푸는 것이다. 이를 위해서는 먼저 자기 잘못과 실수를 정직하고 겸손하게 인정해야 한다. 언제든 잘못된 선택을 할 수 있는 존재임을, 지금도 여전히 불완전한 존재임을 인정하며 날마다 하나님 앞에서 자신을 바라보아야 한다. 그렇게 할 때 회개할 수 있게 되고, 하나님의 사랑을 받아들이며 자신을 용서할 수 있게 된다. **스스로는 할 수 없는 자기 용서가 하나님의 사랑을 신뢰할 때 가능해진다.**

또한 자기애와 자기몰두에서 벗어나 객관적으로 자신을 바라봄으로써 자기집착이나 자기비하에서 벗어나야 한다. 자기를 초월하여 자신을 바라보면 그리 대단한 존재도 아니지만 그렇게 초라한 존재도 아님을 알게 된다. 하나님의 피조물이기에 명백한 한계와 약점이 있음에도, 동시에 하나님의 용서와 사랑을 받는 자라는 정체성은 균형 잡힌 자기인식을 가능하게 한다. 자기집착적 사랑이라는 굴레에서 벗어나고, 자기비하라는 터널을 빠져나오며, 고유한 존재로서 자신을 이해하고 배려하게 된다. 그리고 자기에게 주어진 부르심을 소중히 여기며 완성을 향해 가는 것이다.

자신과의 관계는 하나님과의 관계와 밀접하게 연결된다. 하나님께서 보시는 나, 곧 하나님 안에서의 정체성이 확고할 때 자기에게 주어진 고유한 삶의 길, 부르심이자 소명을 바르게 인식할 수 있기 때문이다. 그리고 완성을 이루어 가시는 하나님께 온전히 응답할 수 있기 때문이다. 하나님의 부르심이란 자신에게 주어진 고유성을 발견하고 꽃피우는 것임을 깊이 깨달을 때, 우리는 하나님과의 교제로 충만한 삶을 살며 타인과 사랑을 나누는 존재의 기쁨을 누릴 수 있게 된다.

타인을 향한 용서 : 예수님 닮은 하나님의 사람으로 살기

타인과의 관계에서 용서는 용서 논의에서 가장 많은 부분을 차지하는 영역이다. 가해자와 피해자라는 구조가 여기에 있기 때문이다. 타인과의 관계에서 용서는 다른 이의 잘못된 행위, 부당한 대우, 권리 침해로 인해 상처받고 손상된 피해자의 인간성을 회복하는 일과 관련된다. 가해자의 행위로 인한 피해자의 고통은 일회성으로 끝나는 것이 아니다. 피해자는 과거의 잘못된 행위들로 인해 받은 상처와 아픔이 정체성으로 자리 잡은 채, 과거에 묶여 앞으로 나아가지 못하도록 하는 부정적인 힘에 억눌리게 된다.

원망, 미움, 적대감, 분노, 두려움, 좌절 등이 복합된 피해자의 감정은 가해자뿐 아니라 다른 이들과의 관계에도 어려움을 가져온다. 또한 자신과 하나님과의 관계에도 부정적인 영향을 미친다. 타인의 가해로 야기된 무기력함과 좌절이 자신을 향한 비난과 미움의 화살로 바뀌거나 하나님에 대한 원망으로 전가되기도 한다. 더 나아가 세상 모두에 대한 분노로 확대되기도 한다. 그렇기에 자신의 삶을 지키며 정상적으로 살기 위해서라도 용서는 꼭 필요하다.

그러나 용서는 말처럼 쉬운 것이 아니다. 용서할 수 없는 존재를 받아들이는 것은 자기 정체성의 변화를 요구하기 때문이다. 피해자로 자신을 정의하는 대신 용서하는 자로 살아야 하며, 가해자를 미워하지 않기로 결단하고 보복하지 않기로 결정해야 하기 때문이다. 그래서 용서는 강요될 수 없다. 다른 사람의 고통을 무시하거나 가볍게 여기는 것으로 느껴질 수 있기 때문이다.

피상적 용서가 아니라 진정한 용서가 되기 위해서는 반드시 **피해자의 치유가 병행되어야 한다.** 그래서 헨리 나우웬은 자기 자신과의 관계 변화가 다른 사람들과의 관계 변화로 열매 맺을 수 있게 된다고 말한다.[1] 하나님의 용서를 깊이 인식하며 자기 자신을 사랑받는 자로 인정할 때, 타인을 향한 용서가 가능하다. 하나님의 용서하심이 없었다면 여전히 죄인일 수밖에 없는 자신의 죄와 연약함에 대한 깊은 자각이 먼저 있어야 타인을 향한 용서가 생겨난다. 자신을 안아주시는 하나님의 사랑을 경험할 때, 다른 이들을 향한 열린 마음과 환대가 가능해진다. 결국 타인에 대한 용서 역시 하나님의 용서로부터 시작된다. 하나님께 사랑받고 있다는 경험이 타인을 향한 사랑의 감각을 더욱 민감하게 하기 때문이다.

용서를 위한 영성훈련의 필요성

영성과 영성훈련

영성은 하나님과의 관계성과 삶의 방식을 의미한다. 하나님과 친밀한 관계 속에서 그 분의 인도하심을 삶의 방향으로 삼는 것이다. 이러한 삶의 모델은 예수 그리스도이다. 따라서 하나님과의 친밀한 관계 안에서 예수 그리스도의 제자로 살아가는 것이 기독교 영성의 목적이라고 말할 수 있다. 이를 구체적으로 배우고 닮아가기 위한 과정이 영성훈련이다.

헨리 나우웬은 영성훈련을 "하나님과의 만남에 울타리를 두르는 것"이라고 말한다. 훈련을 통해 우리는 내면에 신성한 공간을 마련하

---

1) 헨리 나우웬, 이상미 옮김, 『영적 발돋움』 (서울: 두란노, 2007), 76.

게 되고 그 안에서 하나님의 형상을 보기 시작한다는 것이다. 그래서 영성훈련을 통해 진정으로 영적 삶을 살아가는 능력이 커지는 것을 경험하게 된다는 것이다.[2]

영성훈련의 핵심은 기도이다. 기도를 통해 우리는 내면 깊은 곳에서 하나님과 소통하는 법을 배우고 하나님과 더 친밀하고 깊은 관계를 형성한다. 하나님의 음성에 귀 기울이는 훈련을 통해 하나님의 마음을 알아가며, 자기 자신과 타인의 갈망, 필요에도 민감해지는 내면 훈련이 이루어진다. 기도는 하나님의 사랑을 깊이 경험하며, 인간다운 삶을 살게 하는 사랑의 마음을 선물로 준다.

용서와 영성훈련

하나님께 용서받은 경험은 모든 용서의 이유와 근거가 된다. 영성훈련은 **하나님께 용서받은 존재임을 인식하게 하는 공간이다.** 하나님의 용서를 깊이 깨닫고 느끼도록 돕고, 사랑받는 존재로 자신을 받아들이도록 격려하며, 마음을 열어 타인을 용서하고 환대하도록 하는 기도훈련이 필요하다. 기도는 하나님의 사랑을 받는 자리이자 사랑을 드리는 시간이다. 말씀을 묵상하고, 하나님께 귀 기울이며 경청하는 기도를 통해 우리는 하나님의 사랑을 경험하고 누리며 그 사랑에 응답한다. 하나님의 용서하시는 사랑을 구체적으로 경험하며, 용서의 결단과 사랑하는 삶을 선택할 수 있도록 인도하는 다양한 기도와 영성훈련이 필요하다.

용서를 배우는 영성훈련 : 내적 민감성을 키우고 실천을 격려하기

성찰기도

성찰기도는 하나님과의 관계에 주의를 기울이며 하루의 삶을 돌아

---

2) 헨리 나우웬, 윤종석 옮김, 『영성수업』(서울: 두란노, 2007), 56, 8, 9, 34.

보는 영성훈련이다. 영적으로 깨어있기 위해서 매일 성령님과 함께 자기 내면을 살펴보며 점검하는 일이다. 생각과 감정, 행동을 돌아보면서 하나님의 일하심과 자신의 응답을 정직하게 바라보는 일이다. 이를 통해 하나님께서 하루 동안 어떻게 임재하시며 어떤 사랑의 초대를 하셨는지, 그리고 우리는 어떻게 반응했는지 인식하게 된다.[3] 그 결과 감사했던 순간과 그렇지 못했던 순간을 알아차리고 자신의 상태를 정직하게 직면하며, 하나님의 관점을 배우게 된다.

성찰기도는 감사기도로 시작해 성령의 인도하심을 구하는 것으로 이어진다. 하루를 돌아보며 성찰을 통해 알게 된 하나님의 은혜에 감사하고 부족했던 부분은 회개한다. 마지막으로 새로운 삶을 결단하고 주기도문으로 마친다. 하루 10분~15분 정도의 성찰기도를 통해 자기 내면과 행위를 보게 되면서 회개와 용서, 하나님의 사랑을 경험하는 것이다.

이렇게 자신의 생각과 행동을 하나님의 관점에서 성찰하며, 매 순간 하나님의 사랑 안에 살아가고 있음을 확인할 때, 자신과 타인에게 얼마나 용서와 사랑을 베풀며 살아가는지를 깨닫는 내적 민감성이 더욱 깊어질 것이다.

복음서 묵상(그리스도 생애 묵상)[4]

기독교인의 영적 성장은 예수 그리스도를 닮아가는 것이다. 예수님을 따르는 제자의 길은 기독교인의 존재 이유이자 궁극적인 목적이다. 예수님의 제자로 산다는 것은 이 땅을 향한 하나님의 뜻과 계획, 그리고 사역에 동참하는 것이다. 디트리히 본회퍼는 "제자로 부름받은 사람은 순종의 행위로 응답해야 한다"고 말한다.[5]

---

3) 로즈 메리 도허티, 한국샬렘영성훈련원 옮김, 『분별: 깨어있음, 그 멀고도 가까운 길을 향해』 (서울: 한국샬렘, 2019), 52.

4) 김경은, 『묵상과 기도』 (서울: 성서유니온, 2023), 127-135.

5) 디트리히 본회퍼, 손규태 & 이신건 옮김, 『나를 따르라』 (서울: 대한기독교서회, 2010), 52.

그래서 주님의 부르심에 바르게 응답하기 위해서는 먼저 성경에 나타난 예수님을 알아야 한다. 예수님의 삶을 묵상하고 말씀을 되새기며 그분의 태도와 가치관을 내면화하고, 예수님의 마음과 성품을 닮은 제자로 성숙해 가야 한다. 이를 위한 가장 효과적인 방법이 복음서를 묵상하는 것이다. 복음서를 통해 예수님과 함께 예수님의 삶을 묵상할 때, 예수님과의 관계는 더욱 친밀해지고 더 가까이 따르고자 하는 열망은 커진다.

복음서 묵상은 나타난 예수님의 생애를 따라가며 기도하는 것이다. 탄생부터 공생애, 십자가의 수난과 죽음, 부활과 승천까지의 이야기를 통해 예수님을 알게 되며, 주님의 부르심과 초대에 구체적으로 응답하는 것이다. 복음서 묵상은 예수님의 마음을 내면화하고 사람들을 향한 예수님의 태도를 알게 한다. 죄인을 용서하시고, 배반한 제자들을 용납하시며, 차별없이 사람들을 대하고 사랑으로 품으시는 예수님의 모습은 타인을 대하는 우리의 태도를 새롭게 한다. 기도 가운데 주님의 고난과 아픔을 함께 겪으면서, 그리스도의 마음으로 사람들을 긍휼히 여기는 마음이 자라난다. 예수님의 사랑으로 내면이 채워질 때 치유를 경험하며, 용서할 수 없었던 이들에 대한 마음이 변화되는 것을 경험한다. 그렇게 마음이 열린 사람들은 사랑으로 세상을 바라보며 예수 그리스도의 사역에 동참하려는 열망을 품고, 자신에게 주어진 부르심에 응답하는 길을 그리스도와 함께 걸어가게 된다.

렉시오 디비나(거룩한 독서)

렉시오 디비나는 고대 기독교인들의 말씀 묵상 방법으로, 성경을 읽고 묵상하는 가운데 자연스럽게 기도로 이어지고 하나님의 사랑과 은혜 안에 머물며 하나님의 뜻을 깨닫게 되는 기도 방법이다. 성경 말씀을 자료로 하여 기도로 이어지는 "말씀으로 기도하기"라 할 수 있다.

유진 피터슨은 성경을 읽을 때 "거룩한 독서" 방식으로 읽으라고 권하며 시편 1:2의 말씀처럼 "오직 여호와의 율법을 즐거워하여 그의 율법을 주야로 묵상"하는 모습을 상상해 보라고 말한다.[6] 성경은 머리로만 읽는 것이 아니라 전 존재로 읽어야 한다는 것이다. 이렇게 기쁘게 말씀을 읽으며 음미하고 반복하여 되뇌는 과정은 마치 음식물이 우리 안에서 영양분이 되어 힘으로 나오는 것처럼 우리를 말씀과 함께 자라가는 사람으로 변화시킬 것이다.

렉시오 디비나는 읽기-묵상-기도-바라보기로 정형화된 것으로 전해지지만, '행동하기'라는 요소가 포함되기도 했다. 루터도 성경연구 방법으로 기도-묵상-시련 중에 행동하기를 제시하며, 묵상과 기도가 삶 속에서 구체적인 행동으로 연결돼 열매 맺어야 한다는 것을 강조했다. 말씀과 삶 사이에 상호작용하기 때문이다. 렉시오 디비나는 말씀으로 기도하면서 말씀으로 살아가도록 인도하고, 삶을 다시 말씀의 빛에 비추어보게 한다. 그래서 용서와 사랑에 대한 말씀의 요구는 때로는 씨름 같을지라도 결국 하나님께 순종하는 데 이르게 한다.[7]

시편 묵상

렉시오 디비나를 위해 가장 많이 묵상하는 성경은 시편이다. 시편은 하나님의 말씀인 동시에 하나님이 가장 듣기 원하시는 기도이며, 개인의 기도이자 공동체의 기도가 될 수 있다. 토마스 머튼은 시편을 잘 이해하려면 시편이 드러내는 감정에 깊이 공감해야 한다고 말한다. 시편 속 경험에 젖어 들 때 시편의 기도를 제대로 배우게 된다는 것이다.[8]

시편의 언어는 인간 경험을 솔직하게 표현하기에 때로는 거칠고 투

---

6) 유진 피터슨, 양혜원 옮김, 『이 책을 먹으라』 (서울: IVP, 2006), 21.

7) 제임스 윌호이트 & 에반 하워드, 홍병룡 옮김, 『렉시오 디비나: 거룩한 독서의 모든 것』 (서울: 아바서원, 2016), 208, 218-219.

8) 토마스 머튼, 『가장 완전한 기도: 시편으로 바치는 기도』 (서울: 성바오로, 1985), 17-20, 33, 44.

박하기도 하다. 그만큼 절실하게 인간 내면을 표현하고 있다. 시편 기자들은 자신을 절망으로 몰아넣은 사람들에 대해 하나님의 공의를 호소하지만, 결국 원수의 목전에게 상을 베풀어주시는 하나님을 찬양한다.[9] 시편의 기도는 고통 속에 있던 사람의 탄식이 감사와 찬양으로 변화되는 과정을 생생하게 보여준다. 이런 시편의 기도를 통해 우리는 수렁에서 구원하시는 하나님을 경험하며, 피난처 되시는 하나님 손에 모든 결과를 맡기고 적대의 마음을 내려놓을 수 있게 된다. 시편 묵상과 함께 시편 암송 등을 통해 마음에 말씀을 새기는 과정은 내면의 변화에 크게 유익을 준다.

주기도문

주기도문은 하나님께 드리는 우리의 간구가 어떠해야 하는지를 핵심적으로 보여주는 기도의 표준이다. 1세기 경의 저술인 『디다케』에는 초대교회에서 하루 세 번 주님의 기도로 기도하는 것이 관례화되어 있었다고 기록하며, 주기도문이 교회의 공동기도이자 개인기도의 중심에 있었음을 보여준다.[10]

주기도문으로 기도한다는 것은 단순히 습관적이고 형식적으로 기도문을 반복하는 것이 아니라, 예수님께서 가르쳐주신 기도가 우리의 기도가 되도록 하는 것이다. 주기도문에 자신의 기도를 비추어보며 예수님의 마음을 따라 살아갈 수 있기를 간구하는 것이다. 주기도문을 따라 간구할 때 우리는 "우리 아버지"를 고백하는 이들의 하나됨과 하나님의 뜻이 이루어질 이 땅의 현장을 위해 기도하게 된다.

주기도문의 가르침 가운데 용서받기 위한 하나의 규칙은 자신에게 잘못한 사람을 용서하는 것이다. "우리가 우리에게 잘못한 사람을 용

---

9) 월터 브루그만, 김선길 옮김, 『시편의 기도』 (서울: CLC, 2003), 17-26.
10) 후스토 곤잘레스, 오현미 옮김, 『초기교회에서 배우는 주기도문』 (서울: 이레서원, 2022), 3-4.

서하여 준것 같이 우리 죄를 용서하여 주시고"라는 기도는 겸손해지라는 요청이다. 자신이 의롭다고 착각하는 자기기만에 빠지지 말라는 것이다. 요하네스 크리소스토무스는 주기도문의 용서에 관한 간구 안에는 "복수에 집착하는 마음에서 벗어나게 하시고, 용서를 약속"하시는 하나님의 자비가 담겨있다고 말한다.[11] 주기도문을 천천히 마음으로 묵상하며 기도할 때, 용서에 대한 하나님의 약속과 더불어 우리를 향한 기대가 마음 깊이 울려 퍼지게 된다.

영적 분별력 키우기

영적 분별은 하나님의 인도하심에 따라 살기 위해 하나님의 뜻이 무엇인지를 분별하는 것이다. 인생의 갈림길에서 내려야 하는 중요한 결정뿐 아니라 매일의 삶에서 행해야 하는 결정과 선택을 위한 것이다. 영적 분별은 개인의 삶에만 중요한 것이 아니라 공동체에도 필수적이기에, 개인과 공동체의 존재와 방향성을 점검하는 일이 되기도 한다.

영적 분별을 잘하기 위해서는 하나님의 음성을 잘 알아들을 수 있는 마음이 필요하다. 하나님을 향한 열린 마음이 있어야 한다는 것이다. 그러나 우리 안의 집착과 배척, 지나친 사랑과 미움, 편견과 선입견 등은 하나님의 음성을 제대로 알아듣는 데 걸림돌이 된다. 그로 인해 하나님의 말씀을 왜곡하거나 자기 생각대로 해석하기 쉽다. 누군가를 용서하지 못하고 적대하거나 원망과 미움에 사로잡힌 마음 역시 하나님의 음성을 투명하게 듣지 못하게 한다. 밭에 난 잡초와 가시처럼 우리의 마음 밭을 막아 하나님을 향한 마음을 닫게 하기 때문이다. 따라서 자기 생각과 마음을 점검하는 성찰과 함께 영적 분별을 통해 자신 안에 무엇이 있는지를 자주 살펴보는 것이 필요하다. 그리고 분별을 통해 깨달은 하나님의 뜻을 삶의 현장에서 구체적으로 살아내야 한다.

---

11) 김경은, 『묵상과 기도』, 103. 만리오 시모테니 엮음, 『교부들의 성경주해 신약성경 I: 마태오복음서 1-13장』 (왜관: 분도출판사, 2010), 230(요한 크리소스토무스)

마치면서

　용서는 결코 말처럼 쉽지 않다. 용서해야겠다는 결심이 실천으로 이어지는 데에는 종종 엄청난 내적 갈등과 고통이 따른다. 용서는 피해자가 겪었던 과거의 일을 단순히 잊는 것이 아니다. 자신의 삶을 송두리째 빼앗은 사람에 대한 미움을 내려놓고 동료 인간으로 받아들여야 하는 일이다. 그렇기에 용서하라고 가르치는 주님의 기도는, 때로 우리에게 무겁고 부담스럽게 다가온다. 그러나 그리스도인은 예수님의 가르침을 내면화하여 삶에서 구현하며, 그리스도를 비추는 거울로 사는 사람들이다. 하나님의 용서를 받았기에 이제는 그 사랑을 흘려보내며 살도록 부름받은 존재이다. 따라서 하나님의 용서를 토대로 자신을 용납하고, 타인을 사랑하는 사람으로 살아가야 한다. 이를 위해 용서와 사랑으로 마음을 채우도록 돕는 영성훈련 몇 가지를 제안해 보았다. 그 외에도 걷기 묵상, 영적 순례, 영적 글쓰기 등은 용서를 배우는 데 좋은 훈련 방법이 될 수 있을 것이다.

용서, 회개와 책임 그리고 긍휼과 사랑

목회상담학의 관점에서 본 용서와 사랑

문성일 외래교수
[계명대학교 기독교가족상담학]

들어가며

현대 한국 사회는 순간적인 분노와 갈등으로 인해 이성을 잃고 상대방의 생명과 안전을 위협하는 위험한 사건들이 빈발하고 있다. 보복 운전, 층간소음 분쟁, 주차 시비, 택배나 음식 배달 과정에서 발생하는 사고 등으로 인해 소중한 생명이 희생되는 안타까운 일들이 억울함과 복수라는 미명 하에 자행되고 있다.

더 나아가 한국 사회는 세대 간 갈등, 이념적 대립, 젠더갈등, 빈부격차, 지역감정 등 다층적이고 복합적인 갈등 구조를 안고 있다. 이러한 세대와 젠더, 이념과 정치 성향에 따른 첨예한 대립과 감정적 골은 사회 전반의 피로도를 심화시키고 있는 실정이다.

그런데 이러한 현상은 비단 세속 사회에만 국한된 문제가 아니다. 사랑과 용서, 평화와 화해를 핵심 가치로 삼는 기독교 신앙 공동체인 교회 안에서조차, 동일한 신앙을 고백하며 한 지체로서 얼굴을 마주하고 교제하는 성도들 사이에서도 의견 충돌과 사소한 갈등이 서운함으로 축적되어 대립과 반목의 관계로 변질되는 경험은 결코 드문 일이 아니니다.

이는 인간의 타락한 본성이 구원받은 성도들에게서도 여전히 작동하고 있음을 보여주는 것이며, 동시에 교회 공동체가 세상과 구별된 거룩한 공동체로 성장해 나가야 할 신학적 과제를 제시하고 있다.

이 세상을 살아가면서 우리들은 타인과 만남과 관계를 통해 인생의 즐거움과 행복, 사랑을 경험한다. 그러나 마치 동전의 양면과 같이, 나와 친밀한 사람이든, 그렇지 않은 사람이든 관계의 친밀도와 무관하게, 타인과의 불편한 갈등과 상처를 피할 수 없다. 사랑과 행복의 즐거운 기억과 감정은 우리 그리스도의 삶에 감사와 기쁨, 하나님의 은혜를 경험하는 자양분이 된다. 반면에 갈등과 상처는 우리의 내면에 깊은 슬픔과 고통을 안겨주기도 한다. 그러나 이러한 부정적 경험과 갈등의 경험을 어떻게 다루어 가느냐에 따라 치유와 성장을 이루기도 하고, 과거의 갈등 경험이 성장의 디딤돌이 되기도 한다. **고통스러운 갈등과 반목의 경험을 치유와 성장으로 변화해 가는 과정에는 분명히 용서와 화해의 과정이 있다.**

2024년 6월, 기독인문학연구원과 이음사회문화연구원이 목회데이터연구소와 함께 전국의 기독교인 1,000명을 대상으로 실시한 "갈등과 용서 및 화해에 대한 개신교인의 인식" 설문조사[1]는 한국 교회의 용서 실태를 보여주는 중요한 자료를 제공한다. 성인 이후 자신에게 잘못한 사람에 대해 용서한 경험을 묻는 질문에 83%의 응답자가 용서 경험이 있다고 답변했으며, 그 중 33%는 "상대방을 용서하고 화해하는 것이 그리스도인다운 삶이라 생각하기 때문"이라고 응답했다. 이는 기독교 신앙의 정체성이 용서의 실천을 적극적으로 촉진하는 동력으로 작

---

1) 목회데이터연구소, 2024년 6월 4일, "개신교인의 용서에 대한 인식: 갈등과 화해, 용서에 대한 개신교인의 인식 조사",
http://www.mhdata.or.kr/bbs/board.php?bo_table=gugnae&wr_id=119&page=4.

용하고 있음을 시사한다. 용서에 대한 신앙적 인식을 살펴보면, "개신교인이라 하더라도 상황에 따라 용서할 수 없는 일이 있다"는 문항에 77%가 동의했으며, "타인과 갈등이 생겼을 때 기도를 하면 용서하는 마음이 생길 수 있다"는 문항에는 63%가 동의하였다.

 이러한 조사 결과는 그리스도인이라 하더라도 무조건적인 용서는 현실적으로 어려운 과제이지만, 기도라는 영성 실천이 용서하는 마음을 불러일으키는 중요한 동기 부여 요소로 작용하고 있음을 보여준다. 이는 곧 **하나님으로부터 용서받은 존재로서, 자신에게 고통과 피해를 가한 이들을 용서할 수 있는 긍휼의 마음을 주님께서 허락하시는 은혜의 역사임을** 확인해 준다.

 하나님의 말씀으로 세상에서 건강한 생명의 삶을 살아가길 원하는 그리스도인들은 과거의 상처와 갈등으로부터 자유롭고 화평을 이루며 분열과 다툼이 있는 곳에 용서와 화해를 이루는 평화의 도구가 되기를 소망한다. 또한 만연한 사회갈등으로부터 한국교회가 치유와 화평을 이루는 역할을 잘 감당해야 하는 시대적 사명이 있음을 잘 알고 있다. 한국교회 그리스도인들이 개인의 상처와 갈등으로부터 자유롭고 갈등과 분열의 공동체를 화해와 평화의 공동체로 만들어 가는 중추적 역할을 수행하기 위해서는 **신앙이 자라는 교회학교에서부터 용서, 화해의 마음과 원리를 배우고 익히는 것의 중요함은** 누구도 부인할 수 없다. 또한 **그리스도인으로서, 용서해야 한다는 내면의 신앙적 압력과 용서되지 않는 현실의 고통 속에서 겪는 죄책감과 부담감의 심리적 이중고**도 존재한다. 본 논문에서는 용서의 심리학적 이해와 목회 상담학적 이해를 통해 그리스도인의 자유와 정의에 기초한 참된 용서와 사랑의 실천적 지혜를 살펴보고자 한다.

용서에 관한 심리학에서의 개념

용서에 관한 연구에서 가장 학문적 권위를 인정받는 학자인 미국의 로버트 앤라이트(Robert D. Enright)는 용서를 다음과 같이 정의한다

> "우리가 누군가로부터 부당하게 대우를 받아 심리적 상처를 입게 되었을 때, 잘못을 저지른 사람에게 적대심을 갖는 것은 당연하다. 하지만 이러한 적대심을 극복하고 오히려 그 사람에게 동정심과 자비, 사랑을 베풀려고 노력하는 것이 바로 용서이다. 잘못을 저지른 사람이 그럴 만한 자격이 없음에도 불구하고 우리는 용서를 할 수 있다."

앤라이트의 용서 개념은 단순히 감정적 차원의 문제를 넘어서, 의지적 결단과 윤리적 실천을 포함하는 포괄적 개념으로 이해된다. 특히 "자격이 없음에도 불구하고" 베푸는 용서라는 개념은 기독교 신학의 은혜 개념과 깊은 친화성을 보여준다. 앤라이트의 용서 개념은 현대 영국의 철학자 조안나 노스(Joanna North)의 용서 이해와 깊은 연관성을 갖는다. 노스는 용서에 대해 다음과 같이 정의한다.

> "부당하게 상처를 받았을 경우 복수하고 싶어하는 권리를 부정하는 심정에서 복수심을 극복하는 것이 아니라 가해자에게 열정과 자비, 그리고 사랑을 제공하려고 노력함으로써 분노를 극복하려 한다면 용서가 가능하다. 이들을 용서할 때 우리는 용서하는 사람으로서 가해자들이 필히 그러한 선물을 받을 권리가 없다는 것을 알고 있다."[2]

조안나 노스와 로버트 앤라이트의 용서 개념 속에는 복수심과 같은 부정적 정서를 극복하는 원천이 사랑과 긍휼의 긍정적 정서임을 확

---

2) 로버트 D. 엔라이트, 채규만 옮김, 『용서는 선택이다』(서울: 학지사, 2004), 38.

인할 수 있다. 이러한 이해는 "아무에게도 악을 악으로 갚지 말고 모든 사람 앞에서 선한 일을 도모하라…… 악에게 지지 말고 선으로 악을 이기라"(롬 12:17-21)는 성경의 기독교적 용서 개념과 본질적으로 맥을 같이 한다.

특히 앤라이트는 이러한 용서의 과정을 분노, 미움, 원한, 보복심과 같은 부정적 감정을 점진적으로 감소시켜 나가면서, 동시에 가해자를 향한 **사랑, 긍휼, 관용과 같은 긍정적 정서를 점진적으로 증진시켜 나가는 덕(virtue)**의 과정으로 설명하였다. 이는 **용서를 단순한 감정적 변화가 아닌 도덕적 성장과 영적 성숙의 과정**으로 이해하는 관점을 제시한다.

용서에 대한 오해

사람들에게 용서가 어렵게 느껴지는 이유 중 상당 부분은 용서에 대한 오해나 편견에 기인한다. 이러한 용서에 대한 잘못된 인식은 과거의 상처로부터 자유로워지지 못하게 하며, 지속적인 심리적 고통과 관계의 갈등에 머물러 있게 함으로써 치유와 회복의 장애물로 작용한다.

가장 흔한 오해들은 "용서는 무조건 참는 것이다", "용서는 잊어버리는 것이다", "가해자의 진정한 뉘우침과 사과가 먼저 있어야 한다", "용서는 곧 화해이다" 등이 있다.

많은 사람들이 억울한 누명, 물질·신체적 손해와 손상, 첨예한 갈등 등 다양한 양상으로 겪은 깊은 상처에 대해 "시간이 약이다", "시간이 지나면 괜찮아질 것이다"라고 생각하며, 잊어버린 것을 용서하거나 용서가 완료된 것으로 받아들이기도 한다.

그러나 과거의 일이 떠오를 때 분노가 치솟거나 감정 조절이 잘 되지 않는다면, 이는 과거의 상처를 내면 깊은 곳으로 밀어넣어 떠오르지 않도록 억누른 억압일 뿐 건강한 해결 방법이 아니다. 무엇보다 과거의 고통과 상처로부터 진정으로 자유롭게 하는 용서의 과정을 거친 것이 아니다.

고통스러운 사건을 애써 외면하고 기억을 지우려는 노력은 표면적인 용서일 뿐 근본적으로 해결된 용서가 아니다. **참된 용서는 과거 사건 자체를 망각하는 것이 아니라, 그 사건에 대한 기억의 방식과 의미 부여가 근본적으로 변화하는 것을 의미**한다. 이는 상처받은 기억이 더 이상 현재의 삶을 지배하지 않고, 오히려 성장과 성숙의 자원으로 전환되는 과정이다.

용서의 불편함과 현실적 어려움

용서에 대해 많은 사람들이 불편하고 어렵게 생각하는 또 다른 이유는 가해자 또는 학대자의 책임 회피를 정당화한다는 우려와 학살, 범죄와 같은 악행을 용서하는 일이 정의롭지 않다는 주장에 기인한다고 볼 수 있다. 가정폭력, 성폭력, 학교폭력을 비롯한 타인에게 가한 학대와 폭력, 범죄의 가해자들이 **자신의 행위에 대한 반성과 진심 어린 사과를 하지 않았음에도 불구하고 피해자는 용서해야 하는가**라는 근본적 질문이 뒤따른다.

팀 켈러 목사는 『용서를 배우다』에서 용서가 어려운 세 가지 모델로 "무조건 용서해야 한다는 압력", "거래적으로 용서해야 한다는 압력", 그리고 "아예 용서하지 말아야 한다는 압력"에 대해 논의하였다.[3] 그는 2006년 미국에서 촉발된 미투(Me Too) 운동, 1989년 우르술라수녀회 소속 미국인 수녀들이 과테말라 군인들에 의해 자행된 납치와 강간 사건, 그리고 1984년 캐나다 매니토바주에서 발생한 13세 소녀 캔디스 딕슨의 납치 및 살해 사건을 통해 용서가 현실적으로 얼마나 복잡하고

---

3) 팀 켈러, 윤종석 옮김, 『용서를 배우다』 (서울: 두란노, 2022), 56-57.

어려운 과제인지를 이 세 가지 모델과 연관하여 설명하였다.[4]

"무조건 용서해야 한다"는 모델에 대해 피해자들이 반박하는 핵심 논점은 가해자와 피해자 사이의 권력 불균형이 용서 이후에도 변함없이 지속된다는 것과, 피해자들에게는 죄책감만 가중될 뿐 정의의 추구가 부재하다는 점이었다.[5]

켈러는 이러한 무조건적 용서 모델을 피해자의 내적 분노감 해소와 치유에만 초점을 맞춘 것으로 간주하며, 본회퍼의 개념을 차용하여 '값싼 은혜', '쉬운 은혜'의 용서 모델이라고 명명하였다.

거래적으로 용서해야 한다는 모델은 '인색한 모델'로 정의되며, 가해자가 진정한 뉘우침과 사과, 그리고 피해 행위에 대한 배상 등 용서받을 조건을 갖추는 것을 전제로 하는 조건적 용서를 의미한다. 켈러는 피해자의 분노가 누그러지는 것이 가해자의 반성, 배상과 같은 책임 행동에 뒤따르는 결과라면 이는 진정한 용서와는 거리가 멀다고 보았다.

마지막으로 **아예 용서하지 말아야 한다는 모델**은 가해 행위와 같은 악에 대해 무자비, 무관용의 원칙을 고수함으로써 용서를 원천적으로 배제하는 것을 의미한다.

켈러는 이러한 세 가지 용서 모델이 현대 사회에서 용서가 빈곤해진 이유를 우리 시대의 사회문화적 환경에서 찾았다. 용서 빈곤의 사회문화적 배경으로 심리치료 중시 문화, 수치와 명예의 문화, 복수의 악순환 문화를 제시하였다.

그리고 이러한 사회문화적 배경과는 별도로, 무조건적 용서와 거래적 용서, 용서 없음의 세 가지 모델의 공통점을 **절대자 하나님과 인간의 관계를 의미하는 수직적 차원의 결여**라고 진단하였다.

---

4) 위 내용의 자세한 내용은 팀 켈러의 『용서를 배우다』 2장, 용서의 퇴조, (54-79) 참조하라.

5) 위의 책, 59.

용서의 심리적 효과

흔히 용서는 가해자를 위한 것이 아니라 자신을 위해서 하는 것이라고 한다. 미국 정신의학자이자 심리상담가인 고든 리빙스턴(Gordon Livingston)은 평생을 마음이 무너지고 지친 사람들과 만나면서 상담과 치료의 현장에서 일하면서 얻은 교훈을 저술한 『너무 일찍 나이 들어버린, 너무 늦게 깨달아버린1』(Too Soon Old, Too Late Smart 1)에서 "용서는 다른 사람이 아니라 나 자신에게 주는 선물이다. 용서는 포기나 망각이 아니라 **변화를 위한 적극적인 의지**이다. 원망과 복수심을 버리기 위해서는 그만큼 **내면의 성숙**이 필요하고 내면의 성숙은 거저 얻어지는 것이 아니다."[6]라고 밝혔다.

이는 용서를 통해서 가장 많은 이득을 누리는 사람은 자기 자신이다. 캐나다 정신의학자 헌터(R.C Hunter)는 자신이 심리치료에 참여한 환자들을 대상으로 연구한 결과, 용서가 우울, 분노, 불안, 슬픔을 비롯한 부정적 정서를 약화시키고 심리적 고통을 해소하는 데 긍정적 역할을 하는 것을 관찰하였다고 보고한다.[7] 정신과 의사 모턴 카프만(Morton Kaufman)은 용서를 경험한 사람은 다른 사람을 돌보고 사랑할 수 있는 성숙한 능력을 비롯하여 **용기와 책임감의 증가 등 정서적 성숙을 경험**한다고 주장하였고, 리차드 피츠지본(Richard Fitzgibbons)은 용서가 심리적 두려움을 감소시키고, 공격적 충동에 대해 멈추게 하며, 혈압을 낮추는 역할을 한다고 보고하였다.[8]

용서의 효과에 대해 연구한 학자들에 따르면, 신체적 심리적, 사회적 영역에서 긍정적인 변화를 보고하였는데 다음의 표가 보여주는 것처럼 다차원적 면에서 긍정적 효과를 나타내고 있다.

---

6) 고든 리빙스턴, 노혜숙 옮김, 『너무 일찍 나이들어버린, 너무 늦게 깨달아버린』(리더스북, 2004), 184.

7) 로버트 앤라이트, 채규만 옮김, 『용서는 선택이다』학지사, 25-26.

8) 위의 책, 28.

용서의 영역별 효과 [9]

영역	효과
신체적 영역	심혈관계 치료, 암 예방, 내분비 및 면역체계에 도움 생체적응력 및 교감신경의 각성 수준에 긍정적 영향
심리적 영역	공감능력, 자존감, 희망 수준의 증가 분노, 불안, 슬픔, 우울 감소
사회적 영역	대인관계 능력 향상 및 학교생활 만족도 증가 국가, 지역, 민족, 종교 간 갈등 치료 공격 행동 및 비행 감소

가해자를 용서함으로 인해서 용서하는 당사자가 경험하는 자신의 신체적, 심리적, 사회적 영역에서 얻을 수 있는 효과의 유용성은 연구 결과들로 충분히 입증되었다. 그런데 이러한 용서의 효과를 위해서 무조건적으로 용서해야 한다는 조언이나 비자발적인 용서에 이르도록 촉진하는 상담이나 교육은 당사자의 자율적인 용서의 결단을 방해하고 용서하고자 하는 동기를 맹목적인 거짓 용서로 이끌 수 있다. 왜냐하면 용서는 자신의 유익을 위한 이기적 선택이라기보다는 **자신에게 불이익과 고통, 상처를 준 가해자를 향한 분노의 감정을 의지적으로 지우고 사랑으로 원한을 덮고자 하는 이타적이고 자발적인 선택**이다. 따라서 용서의 마음과 태도를 가르치는 용서 교육의 현장에서는 자율성과 이타성이 내재된 선택의 과정으로서 자연스러운 결단을 체득하도록 돕는 것이 중요하다.

용서의 과정

용서학자 앤라이트(Robert Enright)는 용서는 **과거의 피해 경험이**

---
9) 한국용서와화해연구회, 『용서를 통한 치유와 성장』 54.

고통스러운 만큼 천천히 진행되는 일련의 과정으로 이해하였고 순차적으로 진행되는 고정된 과정이 아닌 개인과 개인의 상황에 따라 독특하게 진행될 수 있음을 인정하였다. 용서는 어려운 과정이기에 기술이 필요하며, 이러한 기술은 연습을 통해 숙련될 수 있으며, 용서를 많이 한 사람일수록 익숙함으로 보다 쉽게 실천할 수 있는 것으로 보았다. 앤라이트는 용서의 과정을 4가지 단계로 구분하고 각각의 단계마다 구별된 수행 과제를 제시하였다. 각 단계의 이름과 수행과제는 다음과 같다. 1단계: 분노 발견하기, 2단계: 용서하기로 결심하기, 3단계: 용서 작업하기, 4단계: 감정적 감옥에서 해방되기.[10]

앤라이트 모델의 용서 단계와 특징[11]

단계	이름 (과제-질문)	특징
1. 분노 발견하기	분노 다루기를 피한 적이 있는가? 분노에 직면해 본 적이 있는가? 수치심, 죄책감을 드러내는 것이 두려운가? 분노가 건강에 영향을 주는가? 상처나 가해자에게 집착하는가? 당신의 상황을 가해자의 상황과 비교하는가? 상처가 삶에 영구적인 변화를 일으키는가? 상처가 인생관을 바꾸는가?	심리적 방어 분노, 부정적 정서 정서적 고착 피해- 인지적 재연 피해자와 가해자의 비교 불행하게 변화될지 모른다는 것 인식 불공평한 세상
2. 용서 결심하기	지금까지 한 방법이 비효과적임을 인정하기 기꺼이 용서과정을 시작하기로 마음먹기 용서하기로 결심하기	과거 해결법 새로운 통찰 용서-문제해결법으로 선택
3. 용서 작업하기	이해하려고 노력하기 열정을 갖도록 노력하기 고통을 수용하기 가해자에게 선물주기	역할 재구조화 가해자- 공감/긍휼 고통 흡수/감내 도덕적 선물 주기

---

10) 앤라이트, 『용서는 선택이다』 학지사. 99.

11) 위의 책, 99.

4. 정서적 감옥에서 해방되기	고통의 의미를 발견하기 용서의 필요성 발견하기 혼자가 아니라는 것을 발견하기 삶의 목적을 발견하기 용서하면서 얻는 자유로움을 발견하기	자신과 타인 이해 넓어짐 자신도 용서가 필요한 사람임을 통찰 다른 사람의 도움 절실함 새로운 삶의 의미와 목표 내적, 정서적 해방감

앤라이트의 모델은 용서의 복잡한 과정을 비교적 타당하고 자유로운 결심의 과정으로 4가지 단계로 설명하였다. 앤라이트의 모델은 상담 현장에서 용서 프로그램으로 널리 사용되고 있다.

용서에 대한 목회상담학적 이해

용서에 대한 심리학적 이해와 목회상담학적 이해는 **하나님의 개입**이라는 측면에서 차별성이 드러난다. 심리학적 접근으로서 용서는, 용서의 주체로 피해자 당사자의 자율적이고 도덕적인 의지의 선택으로 이해하였다. 그러나 목회상담학적 접근에서는 용서의 주체가 사람이 아닌 예수 그리스도이며 용서의 힘이 개인의 능력이나 성품이 아닌 **예수 그리스도의 사랑**에서 오는 것임을 강조한다.

미국 풀러신학교에서 목회상담학을 가르쳤던 데이비드 옥스버거(David Augsburger)는 용서를, 가해자를 향한 마음속에 쌓인 분노를 없애는 개인의 심리 내적인 상태가 아닌, 가해자와 피해자 사이의 **상호관계적 회복의 사건**, 즉 가해자와 피해자 사이의 상호적이고 공동체적인 사건으로 이해하였다. 옥스버거는 그의 책 *Caring Enough to Forgive, Caring Enough Not To Forgive*(1981), *The New Freedom of Forgiveness*(2000)에서 목회상담학적 관점에서 용서의 개념과 특성, 그리스도인의 용서의 실천에 대해 밝히고 있다. 마태복음 18장에 기록된 예수 그리스도의 가르침은 용서의 무한 반복성을 의미하며, 이는 고통스럽고 많은 대가를 치러야 하는 행위이지만 하나님의 뜻에 따름으로써 진정한 자유를 얻는 과정으로 용서를 설명하고 있다.

그리고 용서의 목적이 개인의 내적 평안이나 부정적 감정의 해소가 아니라 **긍휼의 행위**로 인한 **관계의 회복과 변화**에 있음을 강조하였다. 이는 용서가 예수 그리스도의 명령에 따르는 행위이면서 동시에 예수 그리스도의 은혜에 의지함으로 인해서 가능한 행위임을 뜻한다. 그리고 용서의 특성을 설명함에 있어서 **내적 해방과 외적 화해의 사건**으로 설명하였다.[12] 즉 고통과 피해를 입은 내면의 분노와 원한으로부터 자유로워지는 내적 해방이 일어나는 일과 상대방과의 관계를 새롭게 수립하는 외적 화해의 일이 모두 포함된 과정으로 용서를 해석하였다.

목회상담학의 관점에서 옥스버거가 주장한 용서는 가해자를 향한 무조건적 용서가 아닌 피해자의 고통에 대한 이해와 공감, 그리고 가해자의 뉘우침과 책임의식이 뒷받침되는 정의(Justice)와 자비(Mercy)가 함께 공존하는 조건적인 개념이다. 따라서, 옥스버거의 용서 개념을 정리한다면, 용서는 **가해자의 회개와 책임 인정** 이라는 조건 위에 피해자의 **긍휼와 사랑의 마음이 어울어지는** 과정이다.

옥스버거의 용서 개념은 세 가지 신학적 토대를 가지고 있다.[13] 첫째는 **예수 그리스도의 십자가 사건**에 근거한다. 누가복음 23장 34절, "이에 예수께서 이르시되 아버지 저들을 사하여 주옵소서 자기들이 하는 것을 알지 못함이니이다 하시더라"의 본문과 마태복음 18장 21~35절 (용서할 줄 모르는 종 비유)의 말씀을 근거로 용서의 근원으로 하나님의 은혜와 사랑을 강조하였다. 이는 용서를 베푸는 사람이 먼저 하나님의 전적인 은혜를 경험함을 통하여 내면에서 우러 나오는 자율적인

---

12) David Ausburger, *The New Freedom of Forgiveness* (Chicago: Moody Publshers, 2000), 26-29.
13) 위의 책, 30-33.

행위임을 설명하였다. 두 번째, 신학적 근거는 화해를 주관하시는 하나님에 대한 응답이다. "모든 것이 하나님께로서 났으며 그가 그리스도로 말미암아 우리를 자기와 화목하게 하시고 또 우리에게 화목하게 하는 직분을 주셨으니 곧 하나님께서 그리스도 안에 계시사 세상을 자기와 화목하게 하시며 그들의 죄를 그들에게 돌리지 아니하시고 화목하게 하는 말씀을 우리에게 부탁하셨느니라"(고후 5;18-19)에 기록된 하나님의 계획은 예수 그리스도 안에서 인간의 모든 죄를 용서하시고 화목하게 하는 일이다. 즉 용서는 단순히, 피해자의 내면의 자유와 치유를 일으키는 심리적 과정에 대한 초점이라기보다, 하나님 나라의 질서를 이루는 신학적 개념이다. 이러한 신학적 행위인 용서에 대해 옥스버거는 관계 회복의 모델로서 하나님의 화해와 용서를 주장하였다. 세 번째, 용서의 신학적 토대는 공동체적 차원의 행위로서 용서를 이해하는 것이다.

옥스버거는 목회상담학의 실천적 관점에서 가해자와 피해자 두 사람 간의 관계 회복과 화해만이 아니라 **교회 공동체 차원에서 화해와 용서를 촉진하는 환경으로서 치유하는 교회 공동체**를 강조하였다.[14] 이는 교회 공동체 구성원이 피해자들의 아픔과 상처를 긍휼과 사랑으로 보듬고 예수 그리스도의 사랑으로 돌보는 일을 경험함을 통해 가해자를 향한 사랑과 용서를 경험하는 환경이 될 수 있다. 즉 용서는 무조건적으로 실행되어야 하는 도덕적 명령이나 율법적인 의무가 아니라 하나님으로부터 용서받은 경험과 이웃을 향한 용서의 실천 공동체 안에서 일어남을 뜻한다.

---

14) 위의 책, 79.

마치면서

　용서는 자기 내면의 자유와 치유, 성장을 위해서 반드시 필요한 과정이다. 그러나 기독교의 용서는 자신의 치유와 해방을 위해서만이 아닌 상대 가해자를 향한 긍휼과 관용의 표현으로 적극적인 사랑의 과정이다. 미국의 비폭력 인권 운동의 상징으로 여겨지는 마틴 루터 킹 주니어 목사는 설교에서 "우리는 용서할 수 있는 능력을 개발하고 유지해야 한다. 용서할 힘이 없는 사람은 사랑할 힘도 없는 사람이다."라는 메시지를 통해 용서 행위가 예수 그리스도의 가르침에 기반한 사랑의 행위임을 강조하였다.[15] 용서는 율법적으로 지켜져야 하는 교리로서 교육되거나 상담 현장에서 조언이나 치료적 대안으로 전해진다면 허공의 메아리처럼 들려질 수 있다. 또한 기독교인으로서 무조건 용서해야 한다는 가르침은 죄책감과 피해와 상처로 인한 현실의 고통을 지속시키거나 확장시킬 수 있다. 용서의 주체는 우리의 도덕성 또는 인격적 성숙이나 행위가 아닌 우리와 임마누엘로 함께 하시는 하나님이시며, 피해자의 아픔을 공감하고 돌보는 교회공동체가 함께 풀어가야 하는 공동체성을 상기할 때 용서와 사랑을 통한 하나님 나라 확장이 우리 삶과 사회 속에 만연한 갈등과 대립, 분노와 복수의 환경을 치유하고 새롭게 변화시킬 것으로 확신한다.

---

15) 자세한 내용은 마틴 루터 킹의 설교집, 마틴 루터 킹, 채규철, 서정열 옮김, 『사랑의 힘: 이 세대를 본받지 않는 진리의 메시지』 (서울: 예찬민음, 1990) 또는 King, Martin Luter Jr. *Strength to Love* (New York: Harper & Row), 1963를 참조하라.

용서, 화해의 정의

삶 속의 용서와 화해
- 갈등해결 훈련

황필규 목사
[회복적정의협회 전문 강사]

용서의 역설

　용서는 가능한가? 아니면 불가능한가? 용서는 불가능하다. 우리 삶의 자리는 어느 곳 하나 예외 없이 끊이지 않고 온갖 갈등과 분열로 더 피폐해지고 있다. 용서의 부재가 만들어 낸 어둡고 슬픈 현실이다. 우리는 누군가로부터 사과와 용서를 받고 싶어 하면서도, 정작 자신은 누군가에게 진정한 사과와 용서하는 행위에 마음을 열지 못하는 역설을 가지고 있다. 용서의 필요는 자신이 속한 공동체 안에서 친밀한 구성원 간에 관계가 깨지면서 발생한다. 용서하는 과정에서 배신감과 수치심이란 부정적 감정들이 적나라하게 드러나기에 용서와 화해로 향하기보다는 관계의 단절을 선택한다. 용서에 관한 베드로와 예수의 이야기에서도 잘 나타난다.

　"그 때에 베드로가 나아와 이르되 주여 형제가 내게 죄를 범하면 몇 번이나 용서하여 주리이까 일곱 번까지 하오리이까 예수께서 이르시되 네게 이르노니 일곱 번뿐 아니라 일곱 번을 일흔 번까지라도 할지니라"(마 18:21-22).

베드로에게 용서는 실현 불가능한 것이다. 당시 베드로 시대에는 율법을 어긴 사람에게 한 번의 용서도 허락하기 어려운데, 베드로는 '일곱 번의 용서'를 이야기하며 나름대로 용서의 완성을 언급하고 있다. 하지만 예수는 '일곱 번이 아니고, 일곱 번씩 일흔 번이라도 용서'할 것을 말한다. 베드로에게 이런 제안은 불가능한 용서이다. 베드로뿐 아니라 오늘을 살아가는 우리에게도 역시 불가능하다. 이것이 가능했다면 하나님의 나라는 이미 이 땅에 도래했을 것이다. 베드로의 용서가 불가능한 것은 그 관점이 **처벌(punishment)에 대한 용서**이기 때문이다. 잘못한 사람에 대한 처벌을 용서하겠다는 것은 비현실적이다. 이에 반해 예수의 용서는 사백구십 번의 용서, 수적 용서가 아닌 '용서의 무한성'이다. 어떻게 가능할 수 있을까? **연민(compassion)의 용서**이기에 가능할 수 있다. '잘못을 행한 타자를 참아 보겠다는 것'이 베드로의 용서라면, 예수의 용서는 '잘못을 행한 타자와 함께' 그의 고통에 머무는, 나아가 고통 안으로 들어가(empathy) '하나가 되는 용서'이다. 용서 안에서 하나님과 하나가 되는 **일치의 신비(unio mystica)**이다. 예수는 연민의 용서에 관한 이야기 한 가지를 말씀하신다. "어떤 왕이 무자비한 종에게 내가 너에게 자비를 베푼 것처럼 너도 네 동료에게 자비를 베풀었어야 한다"(마 18:23-35)는 이야기이다. 빚진 자, 즉 잘못을 범한 자에 대해 '처벌 관점의 용서'가 아닌 '연민 관점의 용서'를 언급하신다.

우리 삶에서, 베드로처럼 용서가 어렵고 힘든 것은 타자에게 연민의 관점이 아닌 처벌에 초점을 두고 감정적 분노에 사로잡혀 있기 때문이다. 예수의 연민의 용서는 사랑과 맞닿아 있다. 예수는 "먼저 우리가 서로 용서할 때, 하나님도 우리를 용서하신다"(마 18: 35)고 말씀하신다. 용서는 이제 우리들에게 더 이상 불가능한 것이 아니라 가능하도록 해야 하는 것이다. 여기 '우리' 안에는 자신과 이웃, 원수까지 모두 포함된다. 왜냐면 용서는 이제 하나님의 용서이고, 연민의 사랑을 하는 행위가 되기 때문이다. 예수는 "당신 이웃을 당신 자신처럼 사랑하십시오."(마 22:39) 그리고 "당신의 원수를 사랑하십시오."(마 5:44)라고 말하면서 용서를 사랑과 연결시키셨다. 자기 사랑과 원수 사랑은 자기 용서와 원수 용서를 뜻하고, 자기 용서와 타자 용서는 서로 분리되지 않고, 하나님 안에서 하나이다.

예수는 주기도문에서 "우리가 우리에게 잘못한 이들을 용서하는 것처럼, 우리의 잘못을 용서해 달라"고 말하고, 생에 마지막 장소인 십자가 위에서도 "저들은 자신이 무엇을 하는지 모른다"며 용서를 언급하셨다. 하나님과 예수가 우리에게 주시는 중요한 가르침인 사랑은 바로 용서에서 시작한다. 모든 인간의 죄(하나님과 관계가 깨어짐)를 더 이상 처벌이 아닌 용서와 사랑의 관점으로 전환시키셨다. 한나 아렌트는 예수를 '용서의 발견자'라고 말했다. 용서의 의미를 확장하신 분으로서 용서의 의미를 사랑과 입 맞추게 하셨고, 정의와 평화, 환대의 삶으로까지 확장시키신 분이라는 것이다. 오늘날 기독교의 핵심 가치인 용서와 사랑은 인류 보편 가치인 정의, 평화, 평등, 존중, 포용, 환대 등의 개념을 조명하고 심화시키는 데 크게 기여하고 있다.

용서와 사랑의 실천, 화해의 과정

마태복음 18:15~20에, 한 공동체 구성원들 간에 갈등이 일어났을 때 어떻게 화해의 과정을 가질 것인지 그 틀을 제시하고 있다. 공동체 구성원 중 한 사람이 자신에게 잘못한 일이 발생하면, 첫째, 갈등 당사자 두 사람이 만나서 그의 잘못을 말로 타이르고, 그 상대가 대화 가운데 잘못을 인정하고 사과하면 둘 사이에 관계 회복이 이루어져 새롭게 형제 자매를 얻게 된다. 둘째, 그런데 잘못을 인정하고 사과하지 않으면, 한두 사람을 데리고 가서, 재차 대화를 나누고 두세 사람이 그 정황에 대해 진실 규명을 하게 한다. 셋째, 그래도 말을 듣지 않으면, 한두 사람을 더 데리고 가서 교회 공동체가 그들 증언의 말을 듣게 한다. 넷째, 교회 공동체 증언의 말조차 듣지 않으면, 그 사람을 이방인과 세리와 같이 여기라.

17절에 공동체 증언의 말조차 듣지 않거든, 그 잘못한 사람을 이방인과 세리와 같이 여기라고 말해, 우리는 그 사람을 공동체 밖으로 내어 쫓아 관계 단절하라는 것처럼 듣게 되고, 실제 우리 삶 속에서도 그런 관계 단절을 일상화하고 있다. 그러나 진정 그런 말씀일까? 아니다. 예수가 이방인과 세리를 어떻게 대하셨는가? 예수는 당신 삶 속에서 철저하게 포용의 원을 확장시켜 연민의 관점에서 이방인과 세리라 하여도 배제시키지 않으셨다.

"또 이 우리에 들지 아니한 다른 양들이 내게 있어 내가 인도하여야 할 터이니 그들도 내 음성을 듣고 한 무리가 되어 한 목자에게 있으리라"(요 10:16).

예수께서 우리에게 분명히 말하려는 것은 "무엇이든지 너희가 땅에서 매면 하늘에서도 매여 있을 것이요 무엇이든지 땅에서 풀면 하늘에서도 풀리리라"(마 18:18)는 말씀이다. 결국 예수의 용서는 우리들의 삶 가운데 핵심 신념이 되어야 하는 것이고, 그렇게 할 때 용서가 삶에서 가능하다.

용서와 화해의 정의, 회복적 정의[1]

예수의 용서를 자신의 신념으로 간직한 사람들이 만든 사건이 1974년 캐나다 온타리오주 엘마이라에서 일어났다. 청소년 범죄 사건인데 당시 두 세 사람이 '땅에서 풀고자' 시도했던 것이다. 두 명의 청소년이 작은 마을에서 술에 취해 밤새도록 난동을 부려 22가정에게 엄청난 피해를 (자동차 타이어와 집 담벼락과 유리창, 가로등 파괴, 교회 종탑 훼손 등) 입힌 폭력 사건이다. 경찰에 체포된 두 학생은 소년원에 수감될 상황이었는데, 당시 보호관찰관 마크 얀츠와 자원봉사자 데이브 워스가 담당 판사 골든 맥코넬에게 "두 학생이 피해자 가정을 직접 찾아가 자신들의 행동이 어떤 피해와 어떻게 영향을 주었는지 보게 하는 것이 더 낫겠다"는 의견서를 제출했다. 판사는 가해자와 피해자의 직접적 만남이 법적 근거가 없는 전례 없는 일이었지만 허락했다. 이후 두 학생은 22가정을 찾아가 그들의 피해와 고통이 무엇인지 직접 듣고 느끼면서 진심 어린 용서를 빌게 되었고, 여러 피해 상황을 회복하는 데 자신들이 무엇을 할 수 있을지, 어떻게 자발적 책임을 질지 서로 이야기하면서 몇 달에 걸쳐 피해 복구를 위해 노력을 하였다. 그로 인해 피해자 가정들과 작은 마을 공동체는 안정과 평온을 되찾을 수 있었다는 이야기이다.

이 사건은 추후 미국의 이스턴 메노나이트대학교(EMU) 갈등전환학 하워드 제어(Howard Zehr) 교수가 『회복적 정의란 무엇인가』(*Changing Lenses: A New Focus on Crime and Justice*)란 책을 출간하는 배경이 되었다.

---

1) 회복적 정의(회복적 사법)는 범죄에 대해 응대하는 형법 체계가 개인의 갈등을 국가가 대신 처리함으로써(응보적 정의) 당사자 배제가 된다는 문제의식에서 나온 새로운 패러다임이다. 응보적 정의가 가해자 처벌, 강제적 책임이행, 제3자 판정 등이라면, 회복적 정의는 피해 회복 우선, 자발적 책임의 기회부여, 당사자와 공동체가 주체가 된다.

회복적 정의(Restorative Justice)는 사법 영역에서 가해자 처벌에 중심을 둔 응보적 정의(Retributive Justice)의 한계를 인식하면서, 피해자의 피해와 그 영향으로 관점을 전환해 보자는 것이다. 다섯 가지 회복을 중시하고 있다.

① 직면-피해 회복
갈등 당사자 간의 직면을 통해, 잘못으로 인해 발생한 피해의 회복이 회복적 정의의 우선적 관점이다. 갈등 상황이 벌어졌을 때, 그 상황을 서로 직면하려 하지 않으면 용서와 화해, 정의 회복으로 한 발짝도 나갈 수 없다. 작금의 상황에서도 가해자와 피해자의 분리 조치를 우선시 하거나 서로 관계 단절을 원하는 경우가 대다수이다. 일시적 분리는 분노의 감정을 삭이는 시간으로써 필요하지만 서로 못 만나게 분리하는 것은 당사자들에게 용서와 화해의 기회를 잃게 한다. 베드로처럼 처벌의 관점이 우선할 때 가해자와 피해자 모두 자발적 직면이 어려운 것은 현실이다. 예수의 연민과 사랑의 마음이 없다면 피해(고통, 상처) 회복을 위한 직면은 요원하고 불가능하다. 모든 갈등 해결은 직면으로부터 이루어질 수 있다.

② 자발적 책임 회복
가해자와 피해자가 직면의 과정에 기꺼이 참여함으로써 서로 갈등이 일어난 정황에 대한 상호 이해와 그 영향을 파악하면서, 스스로 감당해야 할 책임을 질 수 있게 된다.

③ 관계 회복
잘못에 대한 인정과 사과를 진정성 있게 하고, 재발방지에 대한 구체적 방안을 모색하며 새로운 관계 설정에 서로 동의하면서, 깨어진 관계의 틈을 채워나갈 때 이루어진다.

④ 공동체 회복

갈등 당사자들의 관계 회복이 되면 주변 관련자들도 자연스럽게 공동체 구성원으로서의 역할을 감당해 건강한 공동체 회복에 기여할 수 있다.

⑤ 정의 회복

공동체 구성원들 모두가 안전하고 평화로운 공동체 형성을 위해 잘못한 행위를 바로 잡으려 노력할 때 이루어진다.

회복적 정의는 회복적 질문을 통해 패러다임 전환을 일으킨다.

1) 누가 피해자인가?
2) 어떤 피해를 입었고 어떻게 영향을 미치고 있는가?
3) 피해 회복을 위해 어떤 필요가 있는가?
4) 누가 어떻게 피해 회복을 위한 필요를 채울 것이고, 이를 위해 어떤 도움이 요구되는가?[2]

예수와 회복적 정의

예수가 성전 앞에 나타나 그에게 몰려들은 사람들에게 가르치기 시작했을 때, 율법학자와 바리사이파 사람들이 한 여자를 예수 앞으로 데려와 세우면서, "이 여자가 간음하다 현장에서 잡혔다. 우리의 모세 법에는 이런 죄를 범한 여자는 돌로 쳐 죽이라고 하였는데, 선생님 생각은 어떻습니까?"하고 물었다(요 8:1-11). 율법학자와 바리사이파 사람들은 모세 법을 어긴 간음한 여자에게 응보적 정의의 처벌 잣대로 사형을 언급하고 있다. 이에 예수는 고요히 침묵 가운데 몸을 굽혀 손가락으로 땅 바닥에 무언가를 쓰셨다. 그들이 대답을 재촉하자, 예수는 "너희 중에 누구든지 죄 없는 사람이 먼저 저 여자를 돌로 쳐라"하시

---

2) 응보적 정의에서 주요 질문은 (1)누가 가해자인가? (2)어떤 법과 규칙을 위반했는가? (3)어떤 처벌을 내릴 것인가? 이다.

고, 다시 몸을 굽혀 계속 땅바닥에 무언인가를 쓰셨다. 예수는 어떤 심정으로 땅바닥에 무언가를 쓰셨을까? 아마도 예수는 간음하다 잡힌 여인에 대한 연민을 갖고 하나님의 사랑을 생각하시며, 그 순간에 포용의 공간을 확장시키고 계셨다고 본다. 죄에 대한 처벌로써 죽임이 아니라, 이 여자의 현실이 전환되어 그녀가 속한 공동체 구성원들과의 관계가 회복되어 다시 공동체 안으로 어떻게 들어갈 수 있을지에 대해 쓰셨을 것이다. 아마도 첫 번째 쓰신 것은 "죄 없는 자가 돌로 쳐라"가 아니었을까. 주변 사람들이 다 가버리고 예수 앞에 여자만이 남았을 때, 예수는 "다 어디 있느냐? 아무도 없느냐?"고 묻자, 여자는 "아무도 없다"고 대답했다. 예수는 "나도 네 죄를 묻지 않겠다. 어서 돌아가라, 이제부터는 다시 죄짓지 말라"라고 말씀하셨다. 율법학자와 바리사이파 사람들의 관점은 모세 법을 어긴 여자에 대한 처벌, 응보적 정의에 있었지만, 예수는 죄 지은 여자에 대한 연민, 그 여자의 고통과 함께(compassion) 고통 안으로 들어가셔서(empathy) 어떻게 그 여자가 하나님과 주변 사람들과의 깨어진 관계를 회복할 수 있을지에 관심을 두셨기에, '죄와 용서'에 대한 규정을 새롭게 해야 했다. "죄 없는 자가 돌로 쳐라"는 말씀을 통해 죄는 사람들 간의 관계 너머 하나님과의 관계가 깨어진 것에서 비롯된다는 것을 가르쳐주셨다. 예수가 "나도 네 죄를 묻지 않겠다, 어서 돌아가라"는 말씀을 통해 죄의 유무가 쟁점이 아니라 죄 너머 있는 우리의 본래 자리로 돌아가라는 게 핵심이다. 그 여자가 돌아갈 자리는 "예수께서 나는 세상의 빛이다. 나를 따라 오는 사람은 어둠 속을 걷지 않고 생명의 빛을 얻을 것이다"(요 8:12)고 말함으로써, 모세 법을 너머 선 빛의 자리, 생명의 빛을 얻을 수 있는 자리로 가라는 것, 그 자리는 인간의 인지 너머에 계신 하나님 존재와 합일하는 거룩한 곳이다.

예수 공생애의 두 가지 신념은 '아바 아버지'와 '하늘나라'이다. 우리가 깨어진 관계에 직면했을 때, 가해자와 피해자, 혹은 '율법학자, 바리사이파'와 '간음한 여자'란 구분을 너머 모든 사람과의 관계 회복 그리고 하늘나라 공동체 회복을 이 땅에서도 이루는 회복적 정의 실현을 예수는 삶의 여정에서 지속적으로 보여주셨다.

회복적 정의에 근거한 갈등 해결

20여 년 전 한국 사회의 평화활동가들이 시작한 회복적 정의 운동은 서클 프로세스[3]를 기반으로 갈등 당사자들의 자발적 참여 속에서 3R 존중(Respect), 책임(Responsibility), 회복(Restoration)을 실현하기 위한 패러다임 전환을 시도하면서 진행해 오고 있다. 현재 초·중·고등학교에서 '회복적 생활교육'이란 명칭으로 수업을 서클로 앉아 해오고 있으며, 각 교육청에서 학교폭력 사건을 "회복적 정의에 근거한 조정(화해 중재단 위촉) 사전 대화모임과 본 대화모임을 진행하고, 학급 공동체 구성원들 간에 깨어진 틈을 관계 형성, 관계 개선, 관계 회복 프로그램"이란 이름으로 수업을 진행하고 있다. 또한, 전국 경찰청에서 '회복적 경찰 활동'으로 '회복적 정의 조정 전문가' 교육 이수자를 중심으로 지역 사회의 회복적 공동체 형성을 지향하면서 회복적 실천의 장을 펼치고 있다. 이처럼 회복적 실천은 우리 삶 곳곳에서 확산되고 있다.

회복적 정의에 기초한 조정mediation의 6단계 - '틀에 짜여 진' 당사자 협상[4]

조정의 목표는 의미 있는 논쟁의 틀 안에서 직면(직접 소통), 개입

---

3) 서클 프로세스의 가치는 연결, 돌봄, 협력이다. 서클 대화의 규칙은 첫째, 토킹 스틱을 가진 사람이 이야기한다. 둘째, 다른 참여자는 이야기를 경청한다. 셋째, 서클의 시작과 마지막을 모두 함께 한다. 넷째, 서클에서 나온 이야기는 비밀 유지한다. 이 4가지 규칙은 안전하고 평등하고 평화로운 서클 대화의 공간을 열기 위한 조건이다.

4) 〈회복적 정의에 기초한 조정자 훈련 매뉴얼〉, 한국평화교육훈련원(KOPI), 2022년

(훈련된 조정자), 과정(결과보다는 대화 과정 중시), 마무리. 이 4가지 요소를 잘 이행하는 것이다. 조정을 통한 화해는 새로운 관계를 정립하는 출발점에 가해자와 피해자가 함께 설 수 있는 길을 보여준다.

1단계 : 사전 모임
- 여기서 협상의 주체는 당사자이다. 가해자와 피해자는 각각 조정자와 대화 시간을 가짐
- 갈등 상황에 대한 각자 입장을 이해하는 자리이고, 상호간 피해 영향을 듣는 자리
- 가해 측의 이야기를 먼저 경청
- 사건, 감정, 필요를 파악하기(주관적 사건이다. 사건 당시와 현재의 감정을 알아차리기)
- 원하는 해결책은 무엇인지?
- 조정에 참가자 범위 확인하기('사전모임'에 참석한 사람이 '본 모임'에 참석)
- 본 모임에 자발적 참여 여부를 확인
- 조정자 신뢰, 경청, 공감하기, 피해자의 정당성과 도덕적 우위-힘 부여하기
- 관찰-경청-공감-관계

2단계 : 본 모임(도입)
- 여기서 협상과 대화, 진행의 주도는 조정자
- 조정자는 상대적 중립 유지
- 인사 및 참석자 소개
- 취지 설명(당사자의 목소리를 듣고 서로 동의하는 쪽으로 의견을 모으는 대화모임)
- 대화모임 기본규칙 설명(서클 대화의 4가지 규칙)

- 조정자의 질문에 답하는 방식을 따라줄 것(간접 대화)
- 조정과정 설명(입장 나눔, 쟁점 찾기, 대안 모색, 합의 과정, 마무리)- 자리 셋팅(안전하게)

3단계 : 입장 나누기(과거 시점)
- 피해자가 먼저 발언한다.
- 시간별 재구성, 서로 어떤 관계인지? 지금 상황은 어떤지? 이번 사건으로 힘든 부분은?
- 질문과 답변(조정자 주도) : 열린 질문1-반응-공감-열린 질문2-반응
- 요약 후에 다음 주제로 넘어감(피해자가 자기 표현을 통해 힘을 갖게 됨)
- 가해 측에게 사건 발생 행동에 대한 맥락을 질문한다.
- 가해자, 피해자의 이야기가 마무리될 때. 어떻게 피해 회복(책임)할지 생각하도록 한다.
- 마무리 질문 후, 지금 누구에게 꼭 하고 싶은 이야기가 있는지를 묻는다.
- 조정자는 각자의 사실과 감정을 파악하고
- 대화모임 규칙을 서로 잘 지키도록 돕는다.
- 부정적인 말을 할 때는 '바꿔 말하기', 감정을 표현할 때는 '나-전달법' 사용

4단계 : 쟁점 찾기(현재 시점)
- 함께 풀어야 할 쟁점 찾기
- 당사자 이야기에 근거한 쟁점으로
- (인정 및 사과) 무엇을 인정하고 무엇을 사과할 것인지 정리한다.

- (재발방지) 재발방지를 위해 자신과 상대의 어떠한 노력이 필요한지 이야기한다.
- (관계설정) 같은 학교, 같은 조직, 같은 공동체 안에서의 향후 관계는?
- (책임변상) 배상문제는 당사자가 직접 협상한다.

5단계 : 대안 모색(미래 시점)
- 휴식 후, 각기 다른 공간에서 4가지 쟁점에 대해 각자 정리하도록 한다.
- 조정자는 양측의 내용을 살피고, 상호간 형평성, 구체성을 조율한다.
- 시제의 변화를 통한 미래의 할 일로써, 입장 강화보다는 실익 중심으로 전환해 본다.

6단계 : 합의
- 조정자는 정리 역할을 하고 당사자가 직접 동의하여 합의한다.
- 인정과 사과가 우선 중요하다.
- 재발방지(공동체 구성원의 참여는 재발방지와 합의이행에 힘이 됨)
- 부분 합의도 가능하다.
- 합의 내용은 구체성, 현재 실행가능성, 형평성에 초점을 맞춘다.
- 합의문 작성 후에, 당사자와 조정자가 모두 서명한다.

마치면서

갈등(葛藤)은 칡나무와 등나무가 서로 반대 방향으로 엉켜 오르는 모습에서 따온 한자어이다. 우리 인간의 모습도 다르지 않다. 갈등은 자연스런 현상이다. 문제는 그 갈등을 우리들이 감정적으로 증폭시켜 폭력적으로 표출하는 데에서 어려움이 발생하는 것이다. 갈등 없는 세상을 평화 세상이라고 말한다면, 그 세상은 우리가 먼저 서로 다름을 인정하는 것에서 시작해 다름을 차이로 인식하고 차별과 혐오로 발전시키지 않는 것이다. 『갈등 전환』의 저자 존 폴 레더락은 "갈등을 불편한 제거의 대상으로 바라보는 것이 아니라, 창조적 변화를 이끌어낼 선물이자 기회로 바라보는 패러다임의 전환이 필요하다"고 말한다.[5] 누군가의 어떤 말과 행동에 자극되어 갈등 상황이 될 때, 일단 멈추고 심호흡하고 몸과 마음의 느낌을 알아차리고 내적 필요와 욕구를 찾는 관계적 치유의 기회로 삼는 연습을 한다면, 갈등은 위기가 아니라 새로운 연결과 변화로 무한히 나아갈 수 있다. 서로 다름을 갈등의 원인으로 삼는 것이 아니라 배움의 시작으로 가져 갈 때, 우리는 더 안전하고 평화로운 세상을 희망할 수 있다.

이제 베드로와 예수의 손 중에 어떤 손을 잡고 우리의 일상을 살아갈 것인가? 예수의 손바닥에는 못자국의 상흔이 있다. 그 손을 잡고자 할 때, 우리 내면에서 연민의 용서와 사랑이 온몸으로 느껴지고, 갈등 전환을 위한 직면을 시작하는 회복적 정의의 여정을 갈 수 있을 것이다.

---

5) 존 폴 레더락 지음, 박지호 옮김, 『갈등 전환, Conflict Transformation』 (한국아나뱁티스트출판사(KAP), 2014년)

참고문헌

강남순 지음. 『용서에 대하여』. 동녘, 2017년.

이재영 지음. 『회복적 정의- 세상을 치유하다』. 피스빌딩, 2020년.

『회복적 정의에 기초한 조정자 훈련 매뉴얼』. 한국평화교육훈련원(KOPI), 2022년.

존 키니언. 아이크 라사터. 『삶을 중재하기 - 비폭력대화 갈등중재 교육 매뉴얼』 한국NVC센터 옮김. 한국NVC출판사, 2014년.

케이 프라니스 지음. 『서클 프로세스』. 강영실 옮김. 대장간, 2024년.

예배, 용서와 사랑의 영을 구하는 일상

예배 교육

최진봉 교수
[장로회신학대학교 예배설교학]

"악인은 자기 길을 버리세요. 못된 짓 하는 사람은 자기 생각들을 버리세요… 우리 하나님께로 돌아오세요. 하나님이 넉넉히 용서하실 것이니까요." (사 55:7, 새한글)

신자들의 일상

예배는 우리의 삶에 관한 신앙의례다. 예배는 하나님을 찬미하고 주님께 영광 돌림을 통해 숨겨둔 삶의 국면들을 해석하고 재조정하며 우리를 삶의 새로운 차원으로 안내해 간다. 그렇기에 어떤 이는 **예배를 가리켜 신자들 삶의 심장이며 전체 교회적 삶의 정점이며 원천**이라고 했다.[1]

목회적으로 예배는 **신자들의 흐트러진 마음과 생활자세, 깨진 관계들을 성찰하고 본래 자리를 찾아주는 자리**다. 이는 우리의 예배가 교회의 꾸준한 '일상'(routine)으로서, 성경을 가지고 성경의 정신에 따라 드리기 때문이다. 먼저, 성경을 가지고 예배 드린다는 것은 예배가 기독교의 이야기 곧, **사랑과 용서의 복음을 송축한다는 말**이고, 성경의

---

1) 클레멘스 리히터, 정의철 옮김, 『전례와 삶』(서울: 가톨릭대학교출판부, 2003), 26,29.

정신을 따른다는 것은 예배의 궁극적 관심이 **하나님이 행하시고 명하신, 사랑하는 삶**에 있다는 말이다. 이것이 예배가 신자들의 신앙적 의식을 형성하고 그들을 성화로 견인하는 이유다. 여기서 예배가 일상이라는 말은 예배의 무게를 축소하는 말이 아니다. '일상'이란 삶을 엮어가는 반복 행동으로서 우리의 의식과 마음, 몸에 밴 습관을 뜻한다. 우리의 일상적 습관들은 때로 너무 사소해 의식되지 않지만, 그것이 멈추거나 생략될 때, 삶의 질서에 금이 간다. 반복되는 들숨과 날숨을 의식하고 쉬는 자는 없지만 사람의 생사가 거기에 달려있듯, **예배는 신자의 삶에 밴 반복된 일상으로서 거기에 우리 삶의 깊은 숨**이 달려있다.

삶의 깊은 숨

삶의 깊은 숨이란 **닫혀버린 삶의 상황에서 막힌 숨을 여는 생기다**. 대화가 단절되고 서로에 대한 불신과 분노에 사로잡힐 때, 우리는 암전의 답답함처럼 무기력의 절벽 아래로 떨어진다. 우리 사회는 최근 몇 년 새 반목과 분열 사회가 되어 버렸다. 상충되는 정치-사회적 이념과 이해관계는 상대를 증오와 처단의 대상으로 돌렸다. 그리고 우리는 10개월 전 극단적인 혼돈의 상황을 맞닥뜨려야 했다. 이러한 일들을 특정 시대의 사건으로 돌리기엔 우리 사회가 가진 증오와 반목이 너무 두껍고 깊어 사회적 치유가 절박한 상황이다.

그러나 숨 막히는 현실은 그러한 반목과 증오의 대오에 적지 않은 교회들과 신자들이 앞장서 있다는 것이다. 하나님은 세상을 사랑하고 조건 없는 사랑으로 용서받았다고 외치는 자들이 교회이고 신자들인데 도리어 우리가 진리를 앞세워 사회적 반목을 부추기고 증오를 확산하며 원수 맺는 일에 주동자가 되어 버린 형국이다. 이런 상황에서 교회 내부의 문제들로 인한 신앙적, 감정적 반목과 세대 간 분열은 더욱 심화, 고착되고 있다. 작금에 내년도 총회의 방향을 용서와 사랑으로

정한 것은 일면 한국교회가 하나님만이 아닌, 세상을 향해서도 겸손히 자비와 긍휼을 청해야 하는 처지에 놓였기 때문일 것이다. 우리들 대부분은 그렇게 어긋난 형국을 꾸짖기보다는 침묵으로 동조하곤 했다. 그러나 우리는 생기를 갈망한다. **용서는 암흑에 갇힌 피해자와 가해자 모두를 자유 안에 놓아주고, 사랑은 활기가 되어 우리의 내면과 관계들을 새롭게 살아지게 한다.** 왜 그럴까? 이는 우리가 사랑이신 하나님의 인격으로 지어졌기 때문이고, 그렇기 때문에 **사랑의 관계 안에서만 우리가 비로소 참되고 진실된 생명으로 살아나기 때문이다.**[2] 물론 그 과정은 지난한 인내의 고통을 필요로 하지만 기독교 신앙은 그것이 성경과 교회가 증언하는 진리임을 고백한다.

예배, 화해의 의례

그렇다면 용서와 사랑의 깊은 숨은 어떻게 우리 안에서 살아 맴도는가? 종교에서 의례는 개인의 신앙적 행위에 국한되지 않는다. **사회가 도덕적 방향성을 상실하거나 윤리적 해이가 장시간 지속될수록 절실히 요구되는 것이 종교의례다.**[3]

기독교 의례로서 예배는 신자들 삶의 진실에 관여한다. 그것은 **예배가 신자 개인과 공동체가 해결할 수 없는 심적, 관계적 난관들을 극복하도록 돕는 영적이고 정신적인 자원**이기에 그렇다.[4] 예배의 화해적 기능과 관련해 일찍이 칼뱅은 **예배가 신자들이 서로 한 몸으로 연합되는 자리임을 확신했다.** 그 이유는 신자들에게 참된 생명은 사랑과 긍휼의 복음에서 나는데, 그 사랑의 복음으로 신자들이 깨어나는 자리가 바

---

2) 존 지지울라스, 이세형, 정애성 옮김, 『친교로서의 존재』 (서울: 삼원서원, 2012), 52.

3) Tom F. Drive, *Liberating Rites:Understanding the Transformative Power of Ritual* (Oxford: Westview Press, 1998), 44-45. 유요한, 『종교, 상징, 인간:범속한 너머의 의미를 찾는 인간에 관하여』 (서울: 21세기북스, 2014), 206-07 참조.

4) 디미트리스 지칼라타스, 김미선 옮김, 『인간은 의례를 갈망한다 : 삶을 의미있게 만드는 리추얼의 모든 것』 (서울: 민음사, 2024), 47, 371 참조.

로 예배이기 때문이다.[5] 디트리히 본회퍼는 하나님의 말씀을 '사랑하는 영'의 활동으로 보았다. 그에게 신자의 교제인 교회가 발생하고 지속되는 것은 그 사랑의 영에 의해서다. 그에 따르면 사랑은 하나님 나라를 활성화하려는 하나님으로부터 오는 신적 에너지와 지향성으로써 우리로 타자를 향하게 하고, 나와 남의 벽을 넘어 타자에게 속하려는 의지를 북돋우는 거룩한 힘이다. 그런데 이 사랑을 활성화하는 방편이 설교와 성찬이 수행되는 예배다. 왜냐하면 **예배는 설교와 성찬, 곧 참된 삶에 대한 상기와 재현, 연출을 통해 반복적으로 신자들을 사랑으로 부르고 사랑에 헌신토록 이끌 뿐만 아니라, 하나님의 은총이 나와 전혀 다른 타자를 통해 우리에게 옴을 경험케 하기 때문이다.**[6] 몰트만은 세상에 흩어져 있던 하나님의 백성들이 비로소 신앙적 연대와 인격적 결속, 그리고 공동체적 화해를 온전히 경험하게 되는 곳이 예배임을 강조했다.[7] 그렇다면, 예배의 궁극적 목적은 하나님 대 인간의 만남을 통해 공동체적 관계, 곧 인간 대 인간들 간의 화해에 있다. 이것이 **예배가 가진 하나님께 영광 돌림의 의미다.**[8]

예배 구성을 위한 본문 이해

성경적 교의와 건강한 전통에 기초한 예배는 특성상 하나님과의 일치와 신자 상호 간의 사랑의 사귐을 자극하고 활성화한다. 그러나 용서와 사랑을 주제로 특정한 예배는 그것이 성경 본문이 창안된 예배 구성

---

5) Institutes, IV:1:5, IV:1:9, 이형기, 『종교개혁신학사상 : 루터와 칼빈을 중심하여』(서울: 장로회신학대학교출판부, 1991), 459-60.

6) Dietrich Bonhoeffer, *Sanctorum Communio* 『성도의 교제:교회사회학에 대한 교의학적 연구』(서울: 대한기독교서회, 2010), 146,148, 152-53.

7) Jurgen Moltmann, *The Church in the Poser of the Holy Spirit*, 342.

8) 최진봉, "사랑의 삶을 지향하는 공중예배와 개인의 말씀기도의 상호형성에 관한 연구", 「장신논단」 Vol. 52, No.5(2020,12).304-05. 최진봉, "성화의 공동체적 수행으로서 개혁교회 예배에 관한 연구," 「장신논단」 Vol. 54, No.5(2022,12), 221-22 참조.

을 위한 지적 자원으로 삼는다. 예배는 다양한 순서와 요소들로 이루어지지만, 그것들은 큰 틀에서 하나의 메시지로 모아져야 하고, 그 메시지를 중심으로 예배의 각 부분과 요소들이 조화롭게 연결되어야 한다. 예배가 용서와 사랑을 목적으로 할 때, 그 예배의 내용과 방식에 대한 판단은 주제 본문에 대한 목회자의 이해와 해석에 따르게 된다. 이것이 개혁교회의 예배 원리인 성경에 따르는 예배다.[9] 다음은 예배 구성에 앞서 예배 인도자가 점검하고 고려해야 할 내용들이다.

1) 본문이 용서와 사랑과 관련해 말하고 있는 구체적인 메시지가 있는가? 그것은 무엇인가?
2) 본문은 그 메시지를 어떤 방식으로 제시하고 있는가? 그것은 선포인가? 초대인가? 책망인가? 위로인가? 훈계인가? 예배는 그것을 어떤 방식으로 실행할 것인가?
3) 그 메시지에서 예배가 중점적으로 표현할 부분은 무엇인가?
4) 주제와 관련해 본문이 제시하는 이미지(image)나 은유(metaphor), 상징(symbol)이 있는가? 그것을 예배에 포함시킬 수 있는가? 어떤 방식이 가능한가?
5) 본문의 주제가 대상으로 삼는 이들은 누구인가? 개인 신자인가? 교회인가? 세상인가? 피조 세상을 포함한 교회와 세상 모두인가?
6) 본문이 용서를 말하는 논리는 무엇인가? 하나님의 선행적 행위에 대한 직설문(indicative)인가? 인간의 행위를 요구하는 명령문(imperative)인가? 그 두 가지의 병행인가? 신자들의 응답을 열어놓는 의문문인가? 예배는 그것을 어떤 방식으로 반영할 수 있는가?
7) 예배에서 주제 메시지가 부각될 중심 순서가 필요한가? 어떤 식으로 필요한가?

---

9) 휴즈 올리판트 올드, 김상구, 배영민 옮김, 『성경에 따라 개혁된 예배』 (서울: CLC, 2020), 22-23.

총회의 교육주제 "용서받은 나, 사랑하는 우리"를 위한 본문은 이사야 55장 7절과 에베소서 4장 31~32절이다. 두 본문은 상이한 역사적, 언어-문법적 맥락과 청중 배경을 가지고 있다. 그러나 두 본문은 오늘의 교회와 신자들에게 삶에 관한 공통된 메시지를 준다. 그것은 '용서'로서, 좀 더 자세히 말해 **하나님의 용서와 서로 간의 용납**이다. 이사야 본문은 하나님의 용서하심을, 에베소서는 하나님의 용서에 근거한 서로 간의 용납을 말한다. 따라서 두 본문은 '용서'라는 큰 주제로 만나고 있다. 그러나 두 본문이 '용서'와 관련해 강조하고 있는 또 다른 주제가 있다. 그것은 **'참회'**다. 이사야는 '버리라'로, 바울은 '치워버리라'로 죄에 대한 참회의 행동을 용서에 앞서 촉구한다. 두 본문이 묘사하는 죄의 행동들은 '악인의 길', '못된 짓', '못된 짓의 생각들', '온갖 앙심,' '분노', '노여움과 소리 지름', '모독' 등을 포함한 온갖 나쁜 짓들이다. 사실 이사야의 메시지는 용서보다는 하나님께로 돌아오라는 참회의 요구다. 그의 핵심은 "악인의 길과 못된 생각들을 버리고 하나님께로 돌아가라. 하나님은 넉넉하게 용서하시는 분이다"이다. 여기서 악한 일과 못된 생각들을 버리고 하나님께로 돌아가야 할 자는 다른 누구가 아닌 지금 그 말을 듣고 있는 자신들이다. 이사야의 메시지는 자신들에 대한 하나님의 용서의 선언이 아니고 참회다. 따라서 이사야의 메시지는 이것이다. "너희는 악한 생각과 못된 짓을 멈춰라. 그 길에서 돌아서기를 주저하거나 망설이지 말아라. 하나님은 너그러이 용서하는 분이다."

이사야의 메시지는 바울에게서 좀 더 구체적으로 확장된다. 바울은 에베소 교인들에게 두 가지 권면을 주고 있다. 하나는 그들에 관한 것이고, 다른 하나는 상대방을 대하는 그들의 마음에 관한 것이다. 이 가운데 용서는 후자에 해당하고, 그에 앞서 참회에 관한 권계가 있다. 그것은 이렇다. "너희가 서로를 대할 때는 그들의 죄가 어떠함을 떠나 그리스도께서 용서하신 것처럼 그들을 너그럽게 받아 주십시오. 용서하십시오. 그러나 여러분 자신들에 대해서는 온갖 나쁜 생각과 감정, 나쁜 짓들을 모두 치우십시오."

이사야와 바울의 본문은 기독교 복음의 양면성을 놓치지 않는다. 곧, 용서의 은혜는 비은혜를 명명할 때 비로소 시작하고 아픔의 현실과 묻어 놓은 과거를 말하는 데서 회복과 온전함, 기쁨으로 나아가는 여정이 시작되는 것이다.[10] 용서는 한없이 너그럽고 아낌없이 베풀어진다. 그러나 용서가 절박한 자, 자신이 용서에 애타게 목마른 처지임을 고백하는 자에게는 은혜로 온다. 두 본문은 용서를 말하지만, 결코 우리 자신의 악을 간과하거나 외면하지 않는다.

이사야와 바울의 두 본문이 오늘의 교회와 신자들에게 주는 두 가지 메시지는 **우리 자신의 악에 대한 자각과 고백**이다. 두 본문이 말하는 것은 우리 자신의 용서에 대한 확증이 아니다. 오히려 우리의 **죄에 대한 고발**이다. 특히 그것은 상대방을 향해 품었던 우리의 앙심과 분노, 그들에게 행사했던 노여움과 소리 지름, 모독적인 언사 등이다. 두 번째 메시지는 **상대방에 대한 관대한 용서**다. 본문은 상대방의 죄에 대한 고발이나, 그들의 참회 촉구가 아닌, 그들에 대한 우리의 용서를 말한다. 이는 하나님의 자비 앞에 있는 우리 자신을 바라보면서, 상대방을 자신과 같이 긍휼히 여기는 태도다. 이 두 개의 메시지는 하나로 연결된다. 그것은 용서의 긍휼을 절실히 바라는 우리 자신에 대한 고백이 타인에 대한 긍휼의 마음을 열어주기 때문이다. 따라서 예배의 흐름은 우리 자신의 참회 축에서 상대방과 이웃을 향한 용서의 축으로 진행될 수 있다.

예배가 용서를 말할 때, 그것이 우리 자신들이 관여되고 개입된 악의 현실을 회피하거나 우회하는 방편이 되어서는 안 된다. 우리 사회

---

10) Mary Catherine Hilkert, *Naming Grace: Preaching and the Sacramental Imagination* (New York: Continuum, 1997), 111, 119.

와 교회의 근본 문제가 반복되는 원인은 신속한 해결을 위해 **섣부른 용서와 성급한 화해**를 말하는 데 있다. **하나님의 너그러운 용서의 선언은 우리 자신의 불의와 악함을 드러내는 선언**이다.

용서와 사랑의 영을 기원하는 예배

예배는 복음의 사건이다. 예배가 용서와 사랑을 지식적 차원을 넘어 신자의 전인에 울리도록 돕기 때문이다. 그런데 이 사건은 카리스마 넘치는 예배 인도자의 역량에 의존하지 않는다. 그것은 예배 자체, 예배하기 위해 둘러 모인 신자 회중을 통해 역사하는 성령님의 감화에 의한 것이다. 따라서 예배 인도자와 예배자들이 기억해야 하는 것은, 함께 둘러 모인 자신들과 그들이 참여해 함께 행하는 예배의 행동들(기도와 찬양, 말씀 봉독과 설교, 고백과 봉헌, 성찬과 파송) 자체가 만들어내는 예배의 힘을 신뢰하는 것이다. 왜냐하면 성령의 자유하신 은총의 신비는 그가 우리의 연약한 몸과 예배의 문화적 양식(예배의 형식)을 통해 조명하신다는 데 있다.[11] 특별한 악기 팀의 반주 없이 둘러 모인 신자들이 조용한 가운데 부르는 "하나님 사랑은"(찬 299장)은 단순하고 많은 것들이 비어 있지만, 신자들의 여린 목소리와 찬송의 곡조가 내는 울림은 어느 것과 비교해도 부족하지 않다.

필자는 교육주제 "용서받은 나, 사랑하는 우리"에 기초한 예배를 잠정적으로 화해를 향한 〈**용서와 사랑의 영을 구하는 예배**〉로 이름하고자 한다. 상술한 예배 구성을 위한 본문 이해를 가지고 목회자는 예배의 구체적인 구성을 위해 아래의 네 가지 사항을 고려해야 한다.

구조적 차원

예배는 시작에서 끝으로 진행하는 움직임 안에서 연결되는 **예전들**

---

11) Raymond Abba, Principles of Christian Worship (New York and London: Oxford University Press, 1960), 8.

(liturgies)의 묶음으로 구성된다. 전통적으로 기독교 예배의 기본 구조는 주후 4세기를 전후하여 자리잡은 4중 구조를 따른다. 그것은 **개회예전-말씀예전-다락방예전-파송예전**이다. 여기서 말씀예전을 조명의 예전으로, **다락방 예전**을 **일치의 예전**으로 부르기도 한다. 그러나 예배의 주제나 목적, 상황에 따라 4중 구조는 다양한 형태와 방식으로 확장 및 변형된다. 가령, 교단예식서인 『예배·예식서』(2022)는 주일예배-1 형식을 5중 구조로 구성했다. 이는 기존 4중 구조에 〈세례예전〉을 포함시킨 경우다. 성 금요예배의 경우 '십자가기도'를 핵심 순서로 할 경우, 예배는 성 금요예배의 특성에 따라 〈파송예전〉 없이 3중 구조로 축소되어 **개회예전-말씀예전-십자가예전**으로 구성될 수 있다. 그 표현 역시, 예배의 성격과 기획 의도에 따라 달리할 수 있다. 가령, 개혁교회의 예배 신학적 특성을 고려하여, **은총으로 부르심-진리로 이끄심-생명으로 먹이심-빛으로 보내심**으로 예배의 각 예전의 특성을 표현할 수 있다.

화해를 향한 〈용서와 사랑의 영을 구하는 예배〉는 그 성격과 방향을 고려해 **우리의 참회와 서로의 화해의 내용**을 포함시킬 수 있다. 이 경우 예배는 5중 구조로, **예배로부름-고백의례-말씀의례-한몸의례-파송의례**로 짜여질 수 있다. 참고로, **한몸의례**는 용서와 화해의 종말론적 완성을 향한 상징 행동으로서, 기존의 성찬 예전이 가진 일치의 의미를 몸을 동반한 공동체 기도로 행동화하고 구체화하는 방식의 의례다.

참여적 차원

앞서 주지한 바와 같이, 예배는 교회의 신앙 의례이면서 사회적 관례다. 예배의 관계적 차원이 중요한 예배일수록 인도자 1인과 회중 간의 단선적인 관계보다는 인도자와 회중 간, 신자들 서로 간의 상호 참여가 독려되고 시도되어야 한다. 따라서 화해를 향한 예배를 구성하는 목회자는 예배가 신자 회중의 다중적이고 상호적인 참여를 어떤 식으로 자극하고 구체화할 것인가를 고민해야 한다. 그 몇 가지 방안은 아래와 같을 수 있다.

첫째, 예배 인도자의 말이 예배를 주도하는 방식을 지양하고, **인도자와 신자들이 대화식으로 주고받거나, 필요한 부분에서 신자들 각자가 자신의 목소리와 몸으로 고백하고 간구하는 방식**을 시도할 수 있다. 이는 화해를 향한 예배에서 더욱 시도할 만하다. 참회와 용서, 화해의 행동은 당사자 본인의 개입과 참여를 전제한다. 따라서 예배는 신자들이 그들의 말로 참회하고 응답하며 자신들의 몸으로 용납과 화해의 행동을 취할 수 있는 자리를 제공해야 한다. 가령, 신자 전체가 한목소리로 기도할 수도 있고, 연령과 세대를 나누어 연도를 할 수도 있다. 시편의 기도나, 찬양은 여성과 남성이 한 절씩 나누어 교독, 또는 교송하는 방식도 가능하다.

둘째, 화해를 향한 예배에서 신자들의 다중적 상호 참여를 극대화하기 위해 예배는 신자들의 **목소리와 몸의 움직임이 주목**될 수 있도록 해야 한다. 이를 위해 음향과 스크린을 비롯한 보조 기기들에 대한 최소 사용을 고려해야 한다. 많은 경우 예배를 보조하는 기기나 장치들이 오히려 예배의 살아있는 자원인 신자들의 목소리나 몸의 움직임을 가리거나 압도한다. 그렇게 될 때, 예배에서 신자들의 역할과 자리는 유실될 뿐만 아니라, 신자들 스스로 그에 대한 필요성을 느끼지 못하게 된다. 그들에게 예배를 지배하는 것은 스피커이고 스크린이다. 이제는 스크린이나, 음향기기 없이 예배가 불가능할 정도다. 근래엔 조명도 예배를 지배하는 새로운 요소로 등장했다. 본 교단의 뿌리가 되는, 개혁교회의 예배가 지닌 우수한 유산은 예배의 회중성이다. 예배는 몇몇 목회나 예배 위원, 전문 음악인들의 것이 아닌, 주님의 부름을 받아 모여있는 모든 신자들의 것이어야 한다. **화해를 향한 예배는 하나님 대 신자**

간, 신자 서로 간의 관계적 고백과 상호 교감이 주요한 예배다. 따라서 신자들이 자신들의 참여를 느끼고 경험할 수 있는 집중된 예배환경 마련에 힘써야 한다.

셋째, 화해를 향한 예배에서 신자들의 **다중적이고 상호적인 참여를 행동화하는 전통적인 의례는 성찬**이다. 성찬은 의미와 형식에 있어 화해의 예전이다. 이는 주님께서 자신의 몸과 보혈을 떡과 잔으로 신자에게 내어주고, 신자는 주님을 받아 모심으로 죄인이 그리스도의 몸으로 받아들여졌다는 용서의 표를 몸에 새기는 것이다. 성찬의 떡과 잔은 신자가 주님의 용서를 받아드는 행동임과 더불어, 그 주님이 사랑하시는 타인을 내가 받아들이는 행동이다. 그렇기에 성찬의 행동이야말로 예배에서 가장 강력하고 구체적인 화해의 행동이다. 인도자는 성찬이 가진 화해의 의미가, 보다 직접적으로 부각되도록 성찬 제정사와 성찬 감사기도, 성령 임재기도를 비롯한 성찬 예전의 예문을 세심히 준비할 필요가 있다.

전인적 차원

예배는 **전인적 사건**이다. 예배는 그 방식에 있어 신자들의 정신과 마음, 영과 몸을 동반한다. 예배는 언어를 통한 이성적 이해만이 아닌, 초언어적 행위와 매체를 통해 감성적 경외와 직관적 감지, 영적 자각, 그리고 신체적 관여를 제공한다. 예배가 복음의 사건인 것은 용서와 사랑의 메시지를 전인에 닿도록 하기 때문이다. 그러나 오늘날 많은 예배들이 양극단으로 치우치는 경향이 있다. 전통적 예배형식을 고수하는 교회들은 설교를 중심으로 정적이고 지성 편중적이다. 반면 자유롭고 간소한 형식을 추구하는 교회들은 찬양과 음악을 중심으로 역동적이지만 지나칠 정도로 감성 편중적인 경우가 많다.

화해를 향한 예배를 기획함에 있어 목회자는 **예배의 전인성**을 활성화할 수 있는 방안을 모색해야 한다. 그것은 **지성과 직관, 영성과 몸성을 아우르는 예배**를 뜻한다. 설교와 신앙고백의 부분이 주로 이성적 지성을 자극하는 반면, 기도와 찬양은 직관과 영성을 보다 민감하게 한다. 특별히 예배 시의 침묵기도나 말씀봉독 후에 갖는 침묵은 신자들에게 예배의 전인성을 깊이를 더할 수 있다. 왜냐하면 침묵은 언어를 사용한 지시적 기도가 도달하지 못하는 신앙의 깊이에 도달하도록 도울 뿐만 아니라, 하나님 사랑의 임재에 깊이 잠기는 경이로운 감정에 감싸이게 하기 때문이다.[12] 이블린 언더힐은 침묵을 통한 초언어적 느낌, 직관, 상상력 같은 감각들도 하나님이 자신을 드러내기 위해 입으신 우리의 몸으로 보았다.[13] 예배에서의 신체성의 활성화는 성찬을 비롯해 공동체적 화해의 기도로서 한몸 기도를 통해 시도할 수 있다.

시간의 지체성

용서와 사랑을 주제로 화해를 지향하는 예배는 예배의 빠르기(tempo)에 **여유가 필요**하다. 용서와 화해는 기쁜 일이어서 경쾌하고 밝은 축제 분위기로 진행할 수 있다. 그러나 용서는 **실제로 진지하고 무거우며 고통스러운 기다림의 과정**이다. 게다가 용서를 통한 사랑의 고백은 인위적이거나 경박스럽지 않다. 용서의 깊이와 무게만큼 무거운 법이다. 그렇기에 예배가 용서와 사랑의 내용을 패스트푸드처럼 배달하는 식이어서는 안 된다. 용서와 화해는 교회가 서둘러 해치워야 하는 과제나 짐이 아니다. 물론 예배는 종교의례로서 용서의 사건에 대한 신앙적 기원 행위이고 의례적 연출이기에 실제로 용서를 실행하듯 할 수 없다. 그러나 도리어 예배가 용서에 대한 기원이고 상징적 행위라는 점에서 예배의 템포 또한 용서가 지닌 무겁고 진지한 시간들을 상징할 수 있어

---

12) Charles Harris, "Liturgical Silence" in *Liturgy and Worship: A Companion to the Prayer Books of the Anglican Communion* ed. W.K. Lowther Clark (London: SPCK, 1981), 776.

13) Evelyn Underhill, *Worship* (New York: Harper & Brothers, 1957), 176.

야 한다. 따라서 화해를 향한 〈용서와 사랑의 영을 구하는 예배〉는 시간적 여유를 가져야 하며, 슬프지는 않더라도 애써 밝거나 기쁠 필요는 없다. 그것은 오롯이 성령의 감화와 감동 안에 있는 신자들의 몫이다. 예배의 빠르기는 다소 느리고 분위기와 감정은 진중할 필요가 있다.

예배의 중심뼈대

화해를 향하는 〈용서와 사랑의 영을 구하는 예배〉는 다양한 형태와 방식으로 그 주제적 의미를 담아낼 수 있다. 그 중에서 아래의 두 가지 의례는 말씀의례인 설교와 함께 참회를 수반하는 용서와 사랑의 예배에 중심 뼈대로 자리할 수 있다.

고백의례

[예배로부름]으로 시작되는 예배는 [고백의례]로 이어질 수 있다. [고백의례]는 통상적인 [참회기도]의 성격을 가지나 [고백의례]가 참회의 내용을 특정한다는 점에서 차이를 가진다. 그것은 갈라지고 분열된 한국사회와 교회를 생각하면서 하나님 앞과 우리가 증오와 적대감, 혐오와 분노, 때론 폭력(언어, 물리)을 행사했던 사람과 이웃을 향해 지은 악함과 잘못들이다. 무엇보다, [고백의례]의 특징은 〈사죄선언〉이 성급히 뒤따르지 않는다. 또한 [고백의례]는 마치 용서를 구하는 당사자 앞에서 우리의 악함을 실토하고 잘못을 사과하듯 구체적인 고백의 내용과 그에 부합하는 상징적 행동을 갖출 수 있다.

가령, 예배 회중을 크게 양쪽으로 나누어 서로 마주보게 하고, 이쪽 편의 사람들이 맞은 편 사람들을 향해 용서를 구하듯 우리의 악함과 잘못을 고백하도록 연출할 수 있다. 먼저, [고백의례]는 〈십계명〉을 인도자와 회중이 번갈아 낭송함으로 시작한다. 이후 인도자가 "그러므로 예물을 제단에 드리려다가 거기서 네 형제에게 원망들을 만한 일이 있는 것이 생각나거든 예물을 제단 앞에 두고 먼저 가서 형제와 화목하고 그 후에 와서 예물을 드리라"(마 5:23-24)를 선언하면서, 회중을 [고백의례]로 초대할 수 있다. 이어 고백의 순서로 들어간다. 이때, 용서를 구하는 쪽의 회중은 맞은 편 회중을 향해 **죄를 고백**하고, 이어서 **"제 탓다. 제 탓다. 저의 죄 때문이다."** 라고 외친다. 그리고 이어서 사과를 표하는 자세인 **배례**(허리굽혀 숙이기)를 한다. [고백의례]는 고백할 내용의 목록만큼 양쪽이 번갈아 할 수 있다. 각각의 고백의 내용은 짧게 하되, 구체적으로 표현한다.

고백의 순서가 마치면, 회중 모두가 **침묵**에 들어간다. 이는 통상 〈참회의 기도〉에 〈사죄의 선언〉이 뒤따르는 것과 다른 부분이다. 이는 용서를 베풀자가 가지는 시간과 용서를 구하는 자가 용서를 기다리는 시간의 지체를 상징화한다. 인도자가 **"시간을 주십시오. 기다리십시오. 시간이 필요한다"** 라고 말하고 침묵에 들어간다. 침묵시간은 너무 짧지 않게 1분~1분30초 정도 진행한다. 침묵이 마치면 인도자의 다른 언급 없이 회중이 함께 **'키리에'**(주여 자비를 베푸소서)의 내용으로 찬송을 함께 할 수 있다. 본 [고백의례]에서 〈사죄선언〉은 일치와 화해의 예전으로서 〈성찬〉과 〈한몸 기도〉가 있는 [한몸의례]까지 유보된다. 이러한 방식으로 〈용서와 사랑의 영을 구하는 예배〉는 시간의 지체성을 예배의 흐름 속에서 현실감 있게 재연한다.

한몸의례

화해를 향한 〈용서와 사랑의 영을 구하는 예배〉는 큰 틀에서 [고백의례]에서 [말씀의례]인 설교를 거쳐 예배의 절정으로서 용서와 사랑의 체현인 [한몸의례]로 향한다. 본 예배에서 **[한몸의례]**는 용서를 구하는 자와 용서자가 만나는 화해의 예전으로서 일치의 예전인 〈성찬〉과 성찬의 일치를 신자들의 몸을 통해 예전적으로 체현하는 〈한몸기도〉로 구성될 수 있다. 이는 신자들을 용서와 사랑 안에서 화해로 초대하는 신앙적이면서 사회적 상징 행동으로서, 예배자들은 일치의 예전인 성찬을 받은 후, 예배당 앞 중앙에 서 있는 십자가에 둘러모여 함께 손을 맞잡고 서로를 향한 용서와 공동체의 사랑 연합을 위해 기도할 수 있다. 이로써 [한몸의례]는 신자 서로 간의 사죄의 의례적 수행으로서 앞서 [고백의례]에서 생략된 〈사죄선언〉을 대신하게 된다. 또한 [한몸의례]는 〈성찬〉이 마친 후, 통상적인 〈성찬 후 기도〉 없이 〈한몸 기도〉로 이어지는데, 〈한몸 기도〉는 확장된 〈성찬 후 기도〉이기도 하다. 〈한몸 기도〉의 방식은 아래와 같을 수 있다.

〈한몸 기도〉[14]

수찬이 마치면, 인도자의 안내에 따라 한몸 기도를 위한 대형을 갖춘다. 신자들은 인도자의 초대에 따라 찬양을 부르면서 강단 중앙에 세워진 십자가 앞과 주변으로 둘러 선다. 신자들은 십자가를 둘러서 서로의 손을 맞잡아 화해와 연합의 대형을 만든다. 장소나 공간 특성상 회중 전체가 십자가를 둘러설 수 없다면 예배당 곳곳에 소그룹 단위로 작은 원형의 대형을 갖출 수 있다. 가능한 모두가 손을 맞잡되 전체가 단절되지 않도록 한다. 대형이 완성되면 찬양을 멈추고 집례자는 한몸 기도로 초대 한다.

한몸 기도로 초대/ 인도자와 다함께

인도자) 이제 옆 사람의 손을 맞잡아 십자가로 향합시다.
그리스도는 증오와 적대, 혐오와 폭력으로 쪼개지고 찢어진 세상을 자기 몸에 짊어지시어 생명의 길을 여시고 구원의 소망이 되셨다. 그리고 그 몸을 일용할 양식으로 우리에게 주심으로 우

---

14) 본 〈한몸 기도〉는 필자가 기획한 『NCCK 100주년 에큐메니칼 감사예배』(2024.9.22.연동교회)의 '새로운 100년을 향한 한 몸 기도'의 내용을 본 글에 맞게 수정한 내용이다. 〈한몸 기도〉에 관한 필자의 논문, 최진봉, "일치를 위한 신자의 기도로서 성찬에서의 '한몸 기도'의 제안에 관한 연구," 「신학과 사회」 제39집 1회 (2025): 133-159 참조하라.

리로 세상을 화해케 하는 새로운 몸이 되라 하십니다.

다함께) 주님, 우리 몸을 올려드립니다.
〈한몸 기도로의 초대〉가 끝나면 찬양이 이어진다 (예, '오소서 오소서'_ 이건용 글, 곡)

한몸 기도/ 다함께

인도자) 하나된 몸과 마음으로 교회와 세상, 이웃을 위하여 기도합시다.
  ① 우리 서로의 용납을 위해
  ② 쪼개진 교회들의 화해를 위해
  ③ 분열된 이웃과 사회의 화해를 위해
  ④ 분단된 한반도의 화해를 위해
  ⑤ 전쟁하는 세상의 화해를 위해
  ⑥ 인간사회와 피조생명 간의 화해를 위해

다함께) 생명의 주님, 성찬을 통해 우리로 생명과 기쁨을 가득 누리게 하시고 그리스도와 더불어 한몸 되게 하심에 감사하나이다. 특별히 오늘 주신 말씀과 생명의 양식으로, 우리의 닫혀진 눈을 밝히시고 어두운 마음을 새롭게 하심에 감사하나이다. 주님, 바라오니 주님께서 베푸신 자비와 긍휼로 우리 자신을 살펴 형제와 자매를 증오하고 적대하는 악에서 떠나게 하시고 주님 주시는 용기로 서로의 흠과 죄를 용납하게 하소서. 또한 우리 안에 살아 숨쉬는 사랑의 영으로 우리가 이웃과 세상을 위한 화해의 중재자가 되게 하소서. 성령과 더불어 성부의 영광 안에 영원히 살아 다스리시는 예수 그리스도의 이름으로 기도합니다.

기도 후 관련된 찬양을 하면서 각자 제자리로 돌아간다.

우리의 예배행위 자체가 이전에 없던 관계를 만들어 주지는 않는다. 예배는 마술도, 현실문제를 해결하는 처방전도 아니기 때문이다. 그러나 신자들은 예배라는 우회로를 통해 하나님과 이웃에 대한 반목과 증오의 감정으로부터 놓이는 영적이고 심리적인 치유를 경험하기도 하고, 그것을 통해 사랑하고 화해할 수 있는 내적 자원을 공급받는 것이다.

용서와 사랑의 첫 교실, 가정

용서를 실천하는
가정예배 이해와 가정예배 매뉴얼

신형섭 교수
[장로회신학대학교, 기독교교육]

들어가며

최근 목회데이터연구소를 통하여 전국의 만 19세 이상 개신교인 1,000명을 대상으로 실시하였던 [갈등과 용서 및 화해에 대한 개신교인 인식 조사]에 따르면, 성인이 된 이후 자신에게 잘못한 사람을 용서한 경험이 있는가라는 질문에 83% 정도가 용서의 경험이 있었다고 응답하였으나 그 용서가 진심이었는가라는 질문에 적지 않은 응답자인 37%가 형식적으로 용서하고 넘어갔다고 응답하였다.[1] 또한 개신교인과 비개신교인 간에 용서 행동에 있어서 차이가 있을지에 대한 질문에는 개신교이든 비개신교인이든 차이가 없다고 응답한 비율을 빼고 나면 개신교인이 더 용서를 잘한다는 응답이 월등히 높았다. 2024년 4월에 한국리서치가 성인 1,000명을 대상으로 실시한 [2024 가족 인식조사]에 따르면, 배우자와 자녀 관계에 모두 만족한다는 응답이 48%로 지난 3년간 비슷한 수준으로 응답하였으며, 배우자와 자녀 관계가 모두 보통 이하로 응답한 사람들은 28%였는데, 이는 2년 전인 2022년에

---

1) 목회데이터연구소, "개신교인의 용서에 대한 인식," 넘버즈 242호, 2024년 6월 4일. http://www.mhdata.or.kr/bbs/board.php?bo_table=gugnae&wr_id=119 [2025.08.10. 접속].

비하여 7%나 높아진 수치이다.[2] 이러한 통계와 연구들을 통하여 우리는 오늘날 한국 사회와 한국 교회 안에 용서의 문제와 가족 간의 관계적 갈등의 이슈가 중요한 삶의 문제가 되고 있음을 확인할 수 있다.

사실 성경은 용서의 문제를 하나님 백성들의 핵심적인 삶의 방식이자 실천으로 제시하되, 하나님과 인간의 관계에서의 용서로부터 시작하여, 자기 자신과의 관계와 타인과 관계에서의 용서까지 다루고 있다. 특히 가정 내에서 부부간의 용서와 부모와 자녀 간의 용서는 가정이라는 하나님께서 세우신 대표적인 신적 기관이 하나님 나라로 세워지기에 매우 본질적인 신앙적 실천이 요청됨을 성경은 하나님의 백성들에게 선언하고 있다. 그리고 가정예배는 하나님 백성들의 가정이 하나님 나라를 세워가는 성경적 명령인 것을 성경은 물론이고, 하나님의 말씀대로 교회를 다시 세워가기 시작한 말씀의 시대마다 교회가 기독 부모들에게 가르쳤던 구체적인 신앙적 삶의 현장이었다. 본 글은 가정예배와 용서의 관계에 대한 성서적, 예전적, 교육학적 이해를 고찰하고, 이를 근거로 용서라는 주제를 가지고 믿음의 가정마다 가정예배를 어떻게 실천할 수 있는지에 대한 교육목회 매뉴얼을 제시하고자 한다.

가정예배와 용서

성서적 관점에서 본 가정예배와 용서

가정예배가 가족이 모여 하나님을 기억하고 감사하는 사건임을 기억할 때,[3] 하나님께서 하나님의 백성에게 행하신 위대한 사건인 인간을 향한 용서와 회복의 사건을 기억하고 감사하며 가정 안에서 부부 간의 관계, 부모와 자녀와의 관계에 적용하는 여정은 핵심적인 가정예배

---

2) https://hrcopinion.co.kr/archives/30376 [2025.08.10. 접속]

3) 신형섭, 『예배갱신의 사각지대, 교회학교 예배』 (서울: 장로회신학대학교 기독교교육연구원, 2014), 14.

의 의례와 사건이 된다. 창세기 33장의 야곱과 에서의 화해, 창세기 45장의 요셉과 형제들 간의 용서, 골로새서 3장의 가정과 신앙공동체 내에서의 서로 간의 용서, 에베소서 4장의 가정 내에서의 용서 등 하나님의 말씀은 많은 곳에서 하나님께서 세우신 가정 안에서 하나님의 뜻과 나라를 세워가는 구체적인 응답으로 용서를 명하시고 실천해야 함을 말씀하시고 있다. 이렇듯 가정예배는 가족이 모여 오직 하나님의 말씀만을 기준으로 우리 삶을 향하여 행하신 하나님의 은혜를 기억하며, 은혜받은 자로서 우리의 삶이 말씀에 좀 더 가깝게 살아가기를 응답함으로 나아가는 자리가 된다. 바로 이 가정예배의 자리에서 용서는 가정예배의 핵심적인 내용이자, 가정 안에 화해를 세워가는 의례적 실천 방식과 과제이며, 하나님의 용서를 먼저 경험한 부모를 통해 자녀가 하나님의 용서를 보고 배워가는 용서의 양육 현장이 된다. 성경에서 하나님의 백성들에게 하나님께서 명하시는 용서는 자신이 하나님께 받은 은혜를 전제로 한 믿음의 응답이기에, 이는 도덕적이고 윤리적인 차원의 의무를 넘어선 은혜받은 자의, 마땅한 신앙적 삶의 덕목임을 강조하고 있다. 그러기에, 가정 안에서 나누어지는 용서에 대한 덕목은 결코 가정 안에서 가족 간의 용서로 멈출 수 없고, 가족을 넘어선 교회와 사회와 열방을 향한 용서의 사건으로 확장되고 실천 되어져야 한다.[4]

예전적 관점에서 본 가정예배와 용서

예배학자 제임스 스미스(James K. A. Smith)는 예배는 종교적이고 형식적인 의식이 아니라, 하나님 백성들이 하나님을 향하여 진정으로 갈망하는 삶의 전체를 형성하는 신체화되고 습관적인 실천이라고 강조한다.[5] 하나님의 백성들은 예배를 통하여 하나님의 진리를 듣게 되고

---

4) Dietrich Bonhoeffer, 손규태, 이신건, 오성현 역, 『윤리학』(서울: 대한기독교서회, 2010), 428-436.

5) James K. A. Smith, *Desiring the Kingdom: Worship, Worldview, and Cultural Formation* (Grand Rapids, MI: Baker Academic, 2009), 89.

하나님을 존재적으로 만나게 되면서, 자신의 갈망과 삶이 하나님을 향하여 새롭게 재조정되고 나아가 우리의 삶에서 예배자의 삶을 살아내게 된다. 이러한 관점에서 가정예배는 단지 가정이 모여 용서라는 주제의 도덕적인 기준과 의무를 듣고 이에 대하여 동의하고 결단하는 시간을 넘어서, 예배를 통하여 하나님께서 보이신 하나님의 용서를 기억하고, 경험하며, 하나님의 용서를 경험한 자로서 자신의 내면과 삶에 하나님의 사랑으로 인한 변화된 갈망에 따라 자연스럽게 용서라는 삶을 열매로 살아내게 된다. 예배 안에서 우리가 갈망하는 것이 곧 우리 자신의 정체성이라고 언급하는 스미스의 입장에서 볼 때,[6] 가정예배에서 하나님의 용서에 대한 기억과 경험과 감사는 곧 이러한 삶을 살아내기를 갈망하는 예배자의 삶이 형성되어지는 강력한 신앙 형성과 실천의 장이 된다.

교육적 관점에서 본 가정예배와 용서

신앙 형성의 사건과 현장이 전통적인 교회학교를 넘어선 신앙 공동체 안에서의 사회문화화 과정을 통하여 일어남을 강조한 기독교교육학자 존 웨스터호프(John Westerhoff III)에게 신앙공동체 안에서 경험하는 삶의 스타일과 가치, 생활양식은 신앙형성의 핵심적인 통로이자 내용이 된다.[7] 믿음의 가정은 웨스터호프가 언급한 대표적인 신앙 공동체 그룹 중의 하나이며, 가정예배는 신앙공동체 안에서 경험하는 강력한 신앙의례가 된다. 이러한 관점에서, 가정예배 안에서 참여하는 용서와 관련된 성경 이야기 나눔, 신앙적 전통의 기억, 공동체적 의례는 여기에 참여하는 다음 세대들의 정체성과 삶의 태도를 형성하고 변혁하는 핵심적인 신앙 형성의 사건이자 살아있는 신앙 경험이 된다. 이러한

---

6) James K. A. Smith, *You Are What You Love: The Spiritual Power of Habit* (Grand Rapids, MI: Brazos Press, 2016), 22.

7) John Westerhoff III, *Will Our Children Have Faith?* (New York: Seabury Press, 2000), 58.

가정예배가 가정 안에서 정기적이고 일상적으로 경험되어지고, 반복적으로 용서와 화해에 관한 나눔과 실천으로 연결되어질 때, 가정예배의 자리는 강력한 용서와 관련된 신앙교육의 열매가 일어날 뿐만이 아니라 부모 세대의 신앙이 자녀 세대로 전수되어지는 세대 간 신앙 전수의 현장이 된다.

연령 발달적 관점에서 본 가정예배와 용서

용서라는 주제를 도덕 발달적 관점에서 고려하여 가정예배를 실천할 때, 미취학기는 주로 전인습의 수준을 고려하여 벌이나 칭찬과 같은 행동의 결과에 초점을 맞추어 용서의 이유를 설명하여 올바른 행동을 통해 경험하는 긍정적인 결과를 경험하여 교육할 수 있고, 아동기는 인습 수준을 고려하며 가정이나 학교에서 정한 규칙과 역할을 통하여 용서에 대한 양육을 실행할 수 있으며, 청소년기와 청년기는 후인습 수준을 적용하여 의무나 규칙을 넘어 양심과 보편적 가치, 자기성찰을 통하여 성숙한 용서에 대한 양육과 변화를 실행할 수 있다.[8]

미취학기 중에서 첫 단계에 해당하는 영아기(생후 18개월까지)의 경우에는 매일 가정에서 경험하는 부모와의 관계와 반복된 삶의 리듬을 통해서 신뢰를 쌓아가는 시기이며, 이 과정을 통해서 관계적, 신앙적, 정서적 내적 토양이 일구어지는 시기가 된다. 이 시기의 아기는 부모와 매일 경험하는 삶의 핵심적인 의례인 깨고, 놀고, 먹고, 씻고, 자는 것을 통해 삶의 가장 의미 있는 타자인 부모와 교감과 성장을 경험하게 된다. 이때 가정예배는 바로 이러한 삶의 리듬에 말씀과 찬양과 기도가 들어가는 현장이 된다. 기도하며 먹이고, 말씀으로 놀고, 찬양하며 씻기고, 기도하며 재우는 삶의 반복된 리듬이 곧 가정예배의 핵심이 된다. 이때 부모의 입에서 고백되는 하나님의 크신 용서는 아이의

---

8) Lawrence Kohlberg, *The Philosophy of Moral Development* (San Francisco, CA: Harper & Row, 1981), 50-100.

마음에 의미 있는 언어로 남게 된다.

　미취학기 두 번째 단계인 유아기(생후 18개월-36개월)는 아기가 자율성을 가지고 이제 스스로 자신의 몸을 움직여서 세상을 마음껏 탐구하고 학습해 가는 시기이다.[9] 이 시기에 아기는 몸은 스스로 움직이는 시기이나 아직 인지적 전조작기의 단계이기에 논리적인 설명과 훈육보다는 눈앞에 보이는 부모를 모방하며 세상을 바르게 학습하기에 부모는 좋은 모델링의 역할로 자녀를 양육함이 요청된다.[10] 모방이 학습의 주된 통로가 되는 유아기 자녀와 드리는 가정예배에서 부모의 예배하는 얼굴, 표정, 목소리, 자세, 몸짓 등을 아이가 즐거이 따라 하며 예배를 배워가는 좋은 예배의 좋은 모델로 예배드림이 필요하다. 특히 이때부터는 아이가 자발적으로 신체를 활용하여 자발적으로 예배에 참여하는 시기로서, 짧고 단순하며 신체를 활용한 가정예배를 드리되, 용서라는 개념보다는 부모가 용서의 주제로 하나님께서 우리를 용서하시고, 우리도 하나님의 말씀을 순종하여 서로 용서해야 함에 대한 경청과 고백을 할 때, 아이들은 가정예배를 통하여 용서가 마땅히 따를 하나님의 말씀으로 자연스럽게 받아들일 수 있다.

　미취학기 세 번째 단계인 유치기(만 3세-초등학교 입학 전)는 아이들의 인지가 자신이 속한 가정과 유치원과 또래 집단 안에서 어떻게 행동하는 것이 옳고 그름인지에 대한 판단을 할 수 있는 시기이며, 오감과 호기심, 상상력, 창의력을 통하여 세상을 학습하고 반응하는 시기이다. 또한 유치기 아이들은 주도권이라는 학습적 경향성을 가지고 자신이 주체가 되어서 행동하고 주변을 통제하려는 모습을 보인다.[11] 유치기의 자녀를 부모나 교사가 옳고 그름을 확인해 주고, 택할 기회를 주

---

9) Janet Gaukroger, *Sharing Jesus With Under Fives* (Nottingham: Crossway, 1994), 89.

10) E. Erikson, *Childhood and Society* (New York: W. W. Norton & Company, 1963), 252.

11) John C. Gibbs, *Moral Development and Reality: Beyond the Theories of Kohlberg, Hoffman, and Haidt* (New York: Oxford University Press, 2013), 95.

며, 옳은 것을 택하고 행동했을 때 마음껏 칭찬하고 격려해. 아이들은 이른바 성경적인 훈육을 통하여 바른 성품을 자신의 인격에 잘 담아내는 아이로 자랄 수 있다. 유치기 자녀와 함께 드리는 가정예배는 아이들과 하나님의 말씀을 기억하고 감사하는 가정예배의 사건을 함께 경험할 때, 교리적이기보다는 감각적이고, 설명적이기보다는 체험적으로 하나님 나라 이야기를 자신의 삶에 연결하는 것이 핵심이다. 자녀가 평소에 자신의 생각을 표현하거나 놀 때 사용하는 종이, 레고, 초, 찰흙 등을 활용하여 가정예배의 이야기를 표현하고 기억하고 자신의 생각을 표현하게 함은 좋은 가정예배의 활동이 될 수 있다. 옳고 그름을 판단할 수 있는 유치기 자녀와 용서를 주제로 가정예배를 드릴 때, 부모는 자녀와 용서에 관련된 성경 이야기를 스토리텔링으로 생동감 있게 읽어주고, 오늘 하루 혹은 한주간 용서했던 적이 있거나, 용서하지 못하고 화를 낸 적은 없었는지 이야기를 나눌 수 있다. 읽고 나눈 말씀은 찬양을 통해서 다시 마음에 새기는 시간을 가질 수 있고, 부모가 자녀의 가슴에 손을 얹고 하나님께서 용서의 마음을 주심에 감사하는 시간을 가질 수도 있다.

아동기의 전반부에 해당하는 학령전기(초등학교 1학년-3학년)의 자녀들은 장기기억이 발달하기 시작하며, 근면성과 성취감을 통하여 학습을 지속적이고 반복적으로 채워낸다.[12] 초등학교에 입학하여 아이들은 사회적 인습과 규범과 사회적 기술을 배우고, 직관적 사고와 관계적인 친밀감을 통해 진리와 권위를 마음에 받아들이는 경험을 하기에, 부모는 이 시기에 무엇보다 자녀와 친밀감을 높일 수 있는 정기적인 시간을 확보하며 자녀가 평생 잊지 못할 의미 있는 이야기와 기준들을 잘 전수함이 중요하다. 학령전기 자녀와 함께 드리는 예배에서 용서를 다

---

12) Gibbs, *Moral Development and Reality*, 90; Erikson, *Childhood and Society*, 258; 양금희, 『기독교 유아아동교육』 (서울: 대한기독교서회, 2011), 92.

루는 경우에 부모와 자녀 간의 관계가 신뢰와 친밀감이 잘 세움을 통하여 전하는 용서에 관한 기준과 성경적 규범이 자녀의 마음에 마땅히 따라야할 삶의 양식이 되게 도울 수 있다. 이렇게 전달되는 용서는 학년이 초등학교 저학년에서 고학년으로 옮겨가면서 도덕적인 의무와 규범을 넘어서 하나님의 은혜와 사랑을 통해 용서를 먼저 받은 자로서의 신앙적 응답으로서의 용서를 기억하고 실천하도록 안내하고 양육함이 중요하다.

아동기의 후반부에 해당하는 학령 후기(초등학교 4학년-6학년)의 자녀들은 세상과 진리를 받아들이는 인식론이 직관적 사고에서 추상적 사고로 옮겨지게 된다.[13] '조건과 결과'의 논리적 관계를 통한 과학적 세계관을 주된 세계관으로 세상을 이해하기 시작하는 학령 후기 자녀들에게 신앙을 전수하는 전략은 기독교 교리와 규범을 반복하여 전하고 기억하게 하기보다는, 그 이야기와 기준들이 어떠한 배경에서 하나님께서 주신 말씀이며 더 나아가 신앙을 전수하는 부모들의 삶에는 어떤 경험과 의미가 되는지 친절히 전해주는 것이 효과적인 교육이 된다. 학령 후기 자녀들과 함께 드리는 가정예배에서 용서를 주제로 다룰 때, 부모는 자녀에게 용서라는 주제로 자신의 삶에서 경험한 용서의 간증이나 체험들을 생생한 삶의 고백으로 나눌 때 용서를 주제로 나누는 가정예배가 가족 안에서 전수되는 강력한 신앙적 사건이 될 수 있다.

청소년기(중학교-고등학교)의 자녀들은 신체적으로는 아동에서 성인으로 전환하는 시기에 해당하고, 자아정체성을 찾아가며, 부모로부터 이전보다 더욱 독립하려는 마음과 불안한 정서와 삶 안에서 부모에게 이전보다 더 의존하려는 마음이 동시에 높아지는 "심리적 모라토리

---

13) Carol Garhart Mooney, *Theories of Childhood: An Introduction to Dewey, Montessori, Erikson, Piaget & Vygotsky* (St. Paul: Redleaf Press, 2000), 81.

움"(psychosocial moratorium) 시기를 경험하게 된다.[14] 이때 부모의 역할은 그들의 말과 의견을 경청하고 이해하는 태도를 보이며 열린 마음과 대화가 필요하며, 동시에 책임 있는 삶을 향한 과제도 인격적으로 전해주고 격려하며, 부모가 먼저 해당하는 삶에 대한 긍정적인 모델이 되어줌은 효과적인 신앙양육의 통로가 될 수 있다. 청소년 자녀와 함께 용서를 주제로 가정예배를 드릴 때, 부모는 우선 자녀가 하나님과 부모 앞에서 얼마나 귀하고 가치 있는 존재인지를 일관적으로 알려주고 격려함이 중요하며, 자녀들은 자신과 자신의 삶에 용서라는 개념을 어떻게 느끼는지 질문하고 대화함이 중요하다. 학교, 친구, 세상 속에서 행동의 결과만큼 평가받음이 상식인 경험 속에서 살아온 자녀들이 하나님의 무조건적 사랑과 무차별적 용서에 대한 말씀을 경험하고 배워감은 교리와 동의를 넘어선 체험과 감동의 사건이 된다. 청소년 자녀와 드리는 가정예배에서 자녀들에게는 자신이 있는 모습 그대로 받아들여지는 강력한 소속감이 경험된 안전한 공동체가 자신의 삶에 있음을 경험함이 중요하며, 부모가 자녀를 세상의 어떤 기준이 아닌 오직 하나님의 말씀만을 기준 삼아 자신의 삶을 다시 해석 해주고 살아낼 걸음을 친절히 안내함이 매우 중요한 가정의 신앙 교사로서의 역할이 된다.

신체적으로는 성인이 되었으나 정서적, 사회적, 경제적, 문화적으로는 여전히 자신의 정체성과 비전을 찾아가고 있는 청년기의 자녀들은 친밀감이라는 생의 주기 과제를 중심으로 자신의 삶을 살아내고 있다.[15] 하나님과의 관계에서의 친밀감과 더불어 자신을 둘러싼 친구나 가족들 간의 친밀감을 통해서 자기 삶의 가치와 의미를 찾으려 노력하며 신앙과 인격, 진로와 사회적 책임의 성장을 경험하게 된다. 이러한

---

14) Erik H. Erikson, *Identity: Youth and Crisis* (New York: W. W. Norton & Company, 1968), 128-135.

15) Erikson, *Childhood and Society*, 263-264.

시기의 청년 자녀에게 가정예배는 우선적으로 자신과 하나님과의 관계인 수직적 친밀감에 대한 정기적인 예배 경험이 제공되는 자리가 되며, 가족과의 친밀감을 통하여 삶의 의미와 힘을 얻는 인격과 신앙의 성장을 경험하는 신앙적 연대와 사랑 공동체의 현장이 된다. 용서를 주제로 청년기 자녀와 드리는 가정예배에서 부모는 자녀의 삶에 용서와 관련된 이슈들이 있는지 경청함이 중요하다. 청년기 자녀에게 용서는 단순한 도덕적 의무를 넘어서 하나님께 먼저 받은 은혜로서의 용서를 내 안에 확인하고, 감사하고, 응답하는 여정으로서의 신앙적 실천으로 인식되도록 부모는 자신의 청년기에 경험했던 용서와 관련된 삶의 경험이나 간증을 나눌 수 있다. 가정예배 안에서 청년 자녀에게는 교리를 전하는 부모가 아닌 자신이 걸어내고 있는 삶의 걸음을 먼저 걸어간 신앙 멘토로서의 부모 혹은 자신이 걸어갈 삶의 걸음을 함께 고민해 주고 격려해 주는 신앙 코치로서의 부모가 요청된다.

용서를 주제로 드리는 가정예배 현장 매뉴얼

가정예배에 대한 인식전환 부모교육

용서를 주제로 드리는 가정예배의 첫걸음은 가정예배 자체에 대한 인식 전환이 요청된다. 왜냐하면, 가정에서 가정예배를 드리려고 할 때, 많은 가정들이 경험하는 가정예배를 드림에 있어서 어려움은 가정예배에 대한 오해가 있기 때문이다. 가정예배는 가족 모두가 모여서 경건한 형식과 성숙한 태도로 드려야만 가정예배는 드려지는 것이라고 생각하는 경우가 많다. 그러나 가정예배의 본질이 가족이 모여 하나님을 기억하고 감사하는 의례임을 기억할 때, 가정예배는 공예배의 축소판으로서의 형식을 지켜내야만 가정예배가 되는 것이 아니라, 우리 가정이 있는 모습 그대로 오늘도 우리 가정에게 행하신 하나님의 은혜를 기억하며 진심으로 감사하는 사건이 일어날 때 하나님께 합당한 가정예배가 되는 것이다. 가정예배는 부모가 평소에 자녀에게 하고 싶은 말을 가족 모임 시간이 아니라, 믿음의 가정에 진정한 가장되시는 하나님의 말씀만이 선포되는 시간이 되어야 한다. 이 자리에서는 자녀들만이 하나님 말씀을 듣는 자녀가 아니라, 함께 예배에 참여하는 부모도 하나님 앞에 자녀로 말씀을 경청하는 자가 되어야 한다. 그리고 가정예배는 성서적으로 우리에게 주신 선택이 아니라 순종임을 기억할 때 시간 있을 때만 드리는 것이 아니라 마땅히 가정의 삶에 시간을 내서 가족이 예배드려야 한다.

이러한 관점에서, 교회는 가정예배에 대한 대표적인 세 가지 오해에 대하여 다음과 같이 교인들에게 가정예배 인식 전환 교육을 실행해야 한다.[16] 첫째, 가정예배의 본질은 형식을 지켜내는 것이 아니라 하나님을 기억하는 사건이다. 둘째, 가정예배는 종교적인 숙제 시간이 아니라 하나님의 말씀과 은혜를 기억하고 감사하는 축복의 시간이다. 셋째, 가정예배는 시간 있을 때만 드리는 것이 아니라 시간 내서 드리는 것이다.

용서를 주제로 드리는 가정예배의 다양한 모델

가정예배가 "가족이 모여 하나님을 기억하고 감사하는 의례"라는 분명한 기반 위에, 용서라는 주제로 드리는 가정예배는 가정의 여러 상황에 따라 다양한 모델을 활용하여 드릴 수 있다. 용서라는 주제를 고려할 때 첫째, 가정에서는 **말씀 중심 가정예배**를 드릴 수 있다. 말씀 중심 가정예배의 순서는 가정예배를 드리려고 할 때 가족 전체가 긍정적으로 참여하는 가정에서 드리기에 적합하며, 시작기도-찬양-말씀 봉독-말씀 묵상과 나눔-(축복)기도로 진행할 수 있다. 이 모델의 핵심은 말씀 시간에 용서와 관련된 하나님의 말씀을 가족이 함께 읽고, 각자

---

16) 가정예배의 인식전환 교육에 관하여 자세히 살펴보기 원한다면 필자의 책인 신형섭, 『가정예배 부모학교 가이드북』 (서울: 장로회신학대학교 기독교교육연구원, 2023), 1장을 참고할 수 있다.

오늘 읽은 말씀을 통하여 자신이 받은 용서를 기억하고, 용서받은 자로서 용서를 하는 삶에 대한 고백을 나누는 시간을 갖는 것이다.

기도 중심 가정예배는 용서의 주제로 드리는 두 번째 가정예배 모델이 될 수 있다. 기도 중심 가정예배는 정기적인 가족 모임이 가능하지만 형식적인 예배 형태는 어려워하는 가정에서 실시할 수 있으며, 시작기도-찬양-삶의 나눔-기도-축복기도로 진행할 수 있다. 특히 자녀들이 학령기 혹은 학령기 이전인 경우에는 기도 중심 가정예배 모델이 유용하다. 기도 중심 가정예배 모델의 핵심은 삶의 나눔 시간에 가족들이 각자의 삶을 돌아보며 한 주간 혹은 하루 동안 자신의 삶에 누군가를 용서를 한 경험이 있거나, 용서를 해야 하는데 그렇게 하지 못한 관계가 있는지를 돌아보고 마음을 나누는 시간을 갖는 것이다. 이때 믿음의 부모는 용서의 주제로 삶을 나누는 가족원들에게 용서와 관련된 자신의 경험을 나누거나, 용서를 어려워하는 가족들에게 하나님께서 이미 베푸신 십자가의 가장 큰 용서를 받은 자로 살아가기를 권면할 수 있다. 기도 시간에는 삶의 나눔 시간에 나눈 내용을 기도 제목으로 삼아 하나님의 용서에 동참하게 하심을 감사하고 우리도 용서의 삶 살아가기를 구하는 기도를 드릴 수 있다.

큐티형 가정예배는 용서의 주제로 드리는 세 번째 가정예배 모델이 될 수 있다. 큐티형 가정예배는 가족원이 각자 큐티를 할 수 있는 연령이거나 이미 큐티를 정기적으로 하고 있는 가정에서 실시할 수 있으며, 시작기도-찬양-큐티 묵상-묵상 나눔-(축복)기도로 진행할 수 있다. 큐티형 가정예배의 핵심은 가족원이 각자 자신의 연령과 신앙 수준에 맞는 성경 버전 혹은 큐티 자료를 통하여 용서와 관련된 같은 본문의 말씀을 각자 묵상한 뒤 함께 나누는 것이다. 이 과정을 통하여 가족원들은 용서에 대한 같은 말씀 앞에 하나님께서 어떻게 각자 다른 메시지들 혹은 동일한 메시지를 주시는지를 듣고 감사하며 반응할 수 있다.

찬양중심 가정예배는 용서를 주제로 드리는 네 번째 가정예배 모델이 될 수 있다. 찬양중심 가정예배는 자녀가 학령 후기부터 청년기에 해당하는 가정이, 보다 효과적으로 드릴 수 있는 모델로서 시작기도-찬양-찬양 묵상-(축복)기도로 가정예배를 드릴 수 있다. 찬양을 통하여 자신의 생각과 감정을 안전하게 고백하고 결단하기에 익숙한 청소년, 청년기 시기의 자녀 세대가 포함된 가족들은 용서를 주제로 고백되고 만들어진 찬송가 혹은 찬양을 통하여 용서에 관한 성서적이고 신학적인 부르심과 결단에 참여할 수 있다. 이 모델에서의 핵심은 용서를 주제로 만들어진 곡을 선정할 때 가족이 함께 자신에게 고백이 되는 곡을 찾는 것이 중요하며, 또한 함께 찬양을 부르고 난 뒤에 이 찬양을 선정하게 된 각자의 이유와 찬양하면서 하나님께서 주신 말을 나누고 결단하는 시간을 갖는 것이 중요한 예배의 사건이 된다.

마지막으로 제시하는 용서를 주제로 드리는 가정예배 모델은 **기념일, 절기형 가정예배**이다. 기념일, 절기형 가정예배는 용서를 주제로 가족이 함께 집중할 수 있는 기독교 절기나 기념일에 가족이 모여서 가정예배로 드릴 수 있는 모델로서, 시작기도-찬송-기념일, 절기와 연관된 말씀 읽기-말씀 묵상과 나눔-(축복)기도로 진행할 수 있다. 믿음의 가정 안에서는 어버이날, 가족의 생일, 결혼기념일, 졸업식 등 가족이 모여 함께 의미 있는 축하를 할 수 있는 날이나 재의 수요일, 사순절, 성금요일, 대림절, 성탄절 등 기독교 절기 안에서 용서의 메시지를 의도적으로 집중하여 나눌 수 있다.

용서를 주제로 드리는 가정예배의 사례
: 학령후기 자녀들과 사순절에 드리는 큐티형 가정예배[17]

시간	순서	인도/응답	비고
예배 전	공간 만들기	가정예배 광고하기	가정예배 전날 혹은 전주에 용서를 주제로 가정예배를 드릴 것을 가족들에게 광고한다.
		가정예배 공간 준비하기	평소에 가족들이 가장 편하게 대화를 하는 장소를 우선으로 가정예배의 장소를 선정하여 가정예배 모임을 준비한다.
		가정예배 상징물 세우기	모이는 장소에 가정예배의 상징물(예, 작은 십자가, 가정 예배보, 절기 상징물, 초, 가정예배 방석 등)을 필요한 자리에 준비하여 기도에 집중할 수 있는 공간을 마련한다
		가정예배 시간 알리기	가정예배 5분 전에 가족들에게 알리기
		가정예배 역할 분담하기	예배 시작하기 전에 가족 구성원 각자가 자신이 맡은 역할(찬양 정하기, 가정예배 공간 주변 정리하기, 간식 준비하기 등)을 분담하여 실천한다.
예배 중	가족 모이기	예배 장소로 모이기	복음성가를 부르면서 가족이 예배의 장소로 모인다.
	예배 부름	가정예배 시작 선언	가족이 다 모이면 예배 인도자가 예배 부름을 선언하며 가정예배를 시작함을 알린다.
	찬양하기	가족이 함께 찬양 부르기 "십자가 그 사랑" (복음성가) "이 세상 험하고" (찬송가)	용서에 관한 찬양 가사나 내용으로 만들어진 찬양 혹은 찬송을 가족이 함께 부른다. 가급적 가족 모두가 알고 있는 곡을 선곡한다.

---

[17] 본 사례의 부분은 필자의 저서인 『가정예배 건축학』(서울: 장로회신학대학교출판부, 2017)의 부록(276페이지)에 있는 "큐티형 가정예배"를 본 글의 주제에 맞추어 수정 및 보완하여 작성하였음을 밝힌다.

예배 중	큐티묵상	용서의 주제를 다루는 성경 구절로 각자 묵상하기 * 만일 온가족이 같은 본문을 연령별 버전으로 함께 사용하는 큐티 교재가 있다면 해당 큐티 교재를 따라서 각자 묵상하기	용서의 주제를 다루는 성경구절(에베소서 4:31-32)로 각자 묵상하되, 자녀들은 자녀들의 연령에 해당하는 성경버전으로 읽고 묵상한다. "너희는 모든 악독과 노함과 분냄과 떠드는 것과 비방하는 것을 버리고 서로 친절하게 하며 불쌍히 여기며 서로 용서하기를 하나님이 그리스도 안에서 너희를 용서하심과 같이 하라"
	묵상나눔	가족이 돌아가며 자신의 묵상과 기도 제목 나누기	용서와 관련된 본문에 대하여 각자 묵상한 자신의 묵상 내용을 나누고, 기도 제목을 나눈다.
	기도	개인기도하기	나눈 기도 제목을 갖고 각자 자신이 나눈 개인기도를 할 수 있다.
		합심기도하기	개인기도 시간에 이어서 온가족이 각자 나눈 묵상대로 합심 기도 할 때에는 하나님께서 용서의 은혜를 주시고, 또한 가족과 타인을 향한 용서의 마음을 주시기를 기도할 수 있다. * 합심 기도의 시간에는 가족 구성원이 짝을 지어 마주 앉고 서로의 마음과 기도 제목을 나눈 후, 서로를 위해 기도하고 용서와 축복의 말을 전하는 시간을 가질 수 있다. * 가정예배의 시간이 좀 더 여유 있게 가질 수 있다면, "나는 하나님께 용서받았기에 ○○를 용서한다"와 같은 문장을 각자 작성하고 함께 나누는 시간을 가질 수 있다. 또한, 서로 포옹하기, 손잡기 등 신체적 교감을 통해 용서와 화해의 분위기를 조성할 수 있다.

예배 중	결단 및 마침기도	결단 나누기	큐티를 통하여 생각하고 느낀 말씀과 기도 중에 주신 각자의 결단을 가족 안에서 나눈다.
		축복기도하기	도자는 주신 말씀을 기억하며 마침기도를 드린다.
예배 후	주중 실천	용서 관련 주간 미션 실천하기	예배 후 사순절이나 한주간 동안 하루 한 가지씩 가족에게 사랑과 용서의 표현에 관한 미션을 정하고 실천한다.

마치면서

믿음의 가정은 하나님의 우리를 향하신 가장 큰 용서와 은혜의 사건인 예수님의 십자가 대속의 사건을 통해 받은 생명으로 세워진 신적 기관이다. 하나님의 용서와 은혜 위에 세워진 믿음의 가정이 가정예배를 통하여 하나님께서 용서해 주셨음을 기억하고, 지금도 그 용서의 은혜로 살아가고 있음을 감사하고, 앞으로도 우리의 삶이 용서받은 자로서 용서하는 삶을 실천해 나갈 것을 소망하며 다짐하는 시간이다. 살아가는 것이 너무나 선명한 각 가정을 향하신 하나님의 뜻이 된다. 바라기는 믿음의 다음 세대와 부모 세대가 함께 가정 안에서 드리는 가정예배를 통하여 하나님의 크신 용서를 기억하고 감사하며 삶으로 실천됨이 정기적으로 이루어질 때, 하나님께서 주시고 또한 맡기신 용서의 사건이 가정 안에서의 사건을 넘어 가족 구성원 각자가 속한 학교, 교회, 일터의 사건이 되고, 나아가 이 사회와 나라와 민족을 향한 용서의 사건으로 확장될 것이라 소망한다.

용서, 찾아가는 사랑

디아코니아 교육을 통한 사랑의 실천
-사마리아 여인을 중심으로

김한호 목사
[춘천동부교회, 서울장신대학교 디아코니아연구소장]

들어가며

본 연구는 총회 교육목회 주제인 "용서받은 나, 사랑하는 우리"에 맞춰, 하나님의 용서를 체험한 자들의 모임인 교회 공동체가 안으로는 사랑을 나누고, 세상 속에서는 복음의 가치를 드러내는 사랑을 실천하는 하나님 나라의 일꾼으로 자리매김할 수 있도록 하기 위해 교회가 전 세대를 아우르는 디아코니아[1] 교육을 통해 "찾아가는 사랑의 실천"을 이루어가기 위한 방법에 관한 연구이다.

한국교회는 코로나19를 겪으며 교회학교뿐 아니라 장년 성도에 이르기까지 전 세대에 걸쳐 커다란 어려움을 겪고 있으며 아직도 코로나 이전으로 회복되지 못하고 있는 실정이다. 개별교회들은 이 상황을 타계하기 위한 노력들을 기울이고 있지만 기존의 전통적인 교육방식은 다수의 학생들을 교육시키거나 대상이 많은 사람들을 교육하는 상황에서는 효율적일 수 있으나 지금의 상황에서는 그 효용성에 대해서 회의적 시각이 존재한다.

---

1) 디아코니아(διακονία)는 '섬기다'는 의미의 동사 디아코네요(διακονέω)의 명사형으로 예수 그리스도의 본질적 사역이며 목회 전반의 틀이다. 김한호, 『디아코니아와 예배』, 11.

특별히 알파세대라는 새로운 세대의 등장은 지금까지 교회가 해왔던 전통적인 방식의 교육으로는 더 이상 효과가 없을 것이라는 주장에 힘을 실어주고 있다. 이렇게 교회의 회복과 신앙교육을 위한 다양한 방법의 연구에 대한 필요성이 더 커지고 있는 현 상황에서 필자는 본 글에서 알파세대와 사마리아 여인의 특징, 사마리아 여인을 찾아가신 예수님의 모습, 알파세대를 포함한 전 세대를 대상으로 하는 교육방법의 대안으로 예수님의 모습을 통해 찾아볼 수 있는 디아코니아 교육을 제시하고, 실천할 수 있는 구체적인 방법들을 제안하고자 한다.

알파세대와 사마리아 여인의 특징

스티븐 코비는 『성공하는 사람들의 7가지 습관』이라는 책에서 "먼저 이해하려고 노력하고, 그 다음에 이해받으려 노력해라"라고 했다. 이런 관점에서 교회는 늘 새로운 세대를 이해하려고 노력해야 하고, 그 노력이 성공할 때 비로소 교회의 역할을 제대로 하고 있다고 할 수 있다. 교회는 하나님의 용서를 받은 사람들의 모임이다. 이들이 세상 속에서 사랑을 실천할 수 없다면 교회는 교회의 역할을 제대로 하지 못하고 있는 것이다. 시대는 늘 변하고 그 시대에 일어났던 특징적인 일들로 인해서 영향을 받는다.

알파세대의 특징

지금 우리사회는 X세대, MZ세대를 넘어서 알파세대를 논하고 있다. 알파세대는 M세대의 자녀들로 2010년 이후 출생한 세대를 가리키는 용어로 호주의 사회학자 마크 매크린들이 처음 사용한 용어이다. 매크린들은 그의 책 『알파의 시대』에서 알파세대의 특징을 이렇게 설명하고 있다.[2] Chat GPT와 자연스럽게 대화하면서 놀고, 태어나면서부터 AI를

---

2) 마크 매크린들, 애슐리 펠, 샘 버커필드, 『알파의 시대』, pp 62-72, 더퀘스트.

통해 언어를 배우고 익히고 성장했으며, 부모, 조부모, 이모, 삼촌들까지 이들을 지원하는 10개의 포켓을 장착한 VIB(Very Important Baby)이다. 이들은 이제 막 10대에 접어들어 경제활동을 하지는 않지만 그럼에도 불구하고 경제적인 영향력이 있고, 사회와 환경 이슈를 리드하는 인플루언서로 그 존재감을 드러내고 있다. 이들은 2025년에는 22억 명으로 인류역사상 가장 큰 규모의 인구 집단이 될 것이다.

이렇게 알파세대는 이전 세대와는 다른 시기에 다른 환경의 영향으로 형성되었고 주변 세상과도 이전 세대와는 다른 방식으로 연결되어 있다. 그러나 알파세대가 어느 세대에 속하든 그들도 인간이라는 사실을 잊지 말아야 한다. 이들에게도 본질적인 인간의 욕구가 있다. 공동체의 일부로 받아들여지고 싶은 소속의 욕구, 사랑받고 인정받고 싶은 애정의 욕구, 무엇보다도 종교적 신앙적인 차원에서의 영적인 욕구는 다른 세대와 차이가 없다. 어떤 측면에서 본다면 알파세대는 경제, 사회적으로 급격한 변화가 일어나는 시대에 성장하기 때문에 점점 더 복잡하고 불확실하며, 사회적 불안이 커지는 상황에서 살고 있기 때문에 사랑받고 용서받고 인정받으려는 욕구, 그리고 영적인 욕구에 대해서는 더 갈급함을 느낄 수 있는 세대이기도 하다.

사마리아 여인의 특징

요한복음 4장은 예수님께서 사마리아 여인과 만나 대화하시며 그녀를 변화시키는 모습이 자세하게 등장한다. 사마리아 여인의 삶은 사람들에게 공통적으로 발생하는 여러 가지 욕구들을 건강한 방법으로 채우지 못한 삶이었다. 지금까지 남편이 다섯이나 있었고, 현재는 또 다른 남자와 살 정도로 그녀의 삶은 방탕했다. 사람들의 눈을 피해 아무도 다니지 않는 한낮에 물을 길으러 가야만 할 정도로 고립된 생활을 했다. 예수님의 일상적인 물음과 이야기에 대해서도 날카롭게 반응하고 냉소적으로 대답했다. 보통 사람들이 자연스럽게 누릴 수 있는 것조차 누리지 못한 채 사회에서 고립되어 있고 갈급해 하는 그녀의 모습은 그녀의 자존감이 매우 낮았다는 것을 보여준다. 예수님이 영생하도록 솟아나는 샘물에 대해 이야기했을 때 그녀의 대답은 매우 즉흥적이고 즉각적이었다. 눈앞의 문제에 집착하고, 보이는 것에 감정적으로 반응하며 이리저리 쉽게 이동하고 변하는 모습을 통해서 사랑받고 인정받고 싶은 애정의 욕구가 느껴지기도 한다.

대인관계를 어려워하여 사람을 기피하는 모습, 공동체 속에서 어울리지 못하고 혼자 살아가는 모습, 물질적으로는 풍요하지만 진실한 사랑의 섬김에는 가난한 모습, 영적으로 채워지지 않아 갈급해 하는 사마리아 여인의 모습은 오늘날 알파세대에게서 찾아볼 수 있는 특징이며 이 시대를 살아가는 모든 사람들에게 찾아볼 수 있는 특징이기도 하다. 젊은세대에게는 1인 가족이, 노인세대에서도 독거노인의 비율이 급격하게 증가하고 있다. 채우지 못하는 소속의 욕구, 애정의 욕구, 영적인 욕구가 사마리아 여인의 모습 속에서, 이 시대를 살아가는 사람들의 모습 속에서 공통적으로 나타나는 특징이라면 사마리아 여인을 찾아가 그녀를 구원하시고 변화시키신 예수님의 모습 속에서 이 시대를 살아가는 사람들에게 어떻게 적용할 수 있을지 그 해답도 찾아볼 수 있을 것이다. 이어 예수님이 사마리아 여인을 어떻게 대하셨는지에 대해 살펴보도록 하자.

사마리아 여인을 찾아가신 예수님

찾아가 만나신 예수님

요한복음 4장에 등장하는 사마리아 여인 이야기에서 예수님께서는 사마리아 여인을 찾아가셨다(요 4:4). 이 구절을 원어로 'Ἔδει δὲ~'로 시작한다. 이 단어는 '~할 필요가 있다'는 의미로 예수님께서 사마리아를 통과해야 할 필요가 있었음을 강하게 나타낸다. 당시 유대인들이 유대에서 갈릴리로 갈 때는 사마리아를 통과해서 가지 않고 일부러 돌아서 갔다. 역사적, 문화적, 종교적으로 유대인들과 사마리아인들 사이는 서로 상종하지 않을 정도로 반감이 깊었다. 그러나 예수님께서는 일부러 사마리아를 통과해서 가셨다. 사마리아 여인을 만나기 위해서였다.

찾아가 용서하신 예수님

사마리아 여인을 만난 예수님은 물을 좀 달라는 요청을 하셨다. 유대인 남자가 사마리아 여인에게 말을 건다는 것은 극히 이례적인 일이었다. 그래서 사마리아 여인은 "어찌하여 사마리아 여자인 나에게 물을 달라 하나이까"(요 4:9)라고 의아해하며 대답한다. 이것은 유대인을 향한 반감과 적대감이 담긴 대답이었다. 그런 여인을 향해서 예수님은 인내로 대화를 이어가신다. 그녀의 공격적인 질문과 반응에도 정면으로 대응하지 않으시고 그녀를 정죄하지도 않으셨다. 예수님에게 용서하는 마음이 없었다면 이것은 불가능한 일이었다.

찾아가 섬겨주신 예수님

계속되는 사마리아 여인의 공격적인 태도와 질문에도 불구하고 예수님은 인내로 대화를 이어가시며, 그녀의 진정한 필요가 무엇인지 알게 하시고, 그녀의 영적인 갈급함을 온전히 채워주셨다. 물로 시작된 대화가 하나님의 선물로, 영생하도록 솟아나는 샘물 이야기로, 남편 이야기를 거쳐 예배와 메시야에 대한 이야기로 이어졌다. 아직 그녀가 깨닫지도 못하고 있는 상태에서 예수님은 그녀를 구원하기 위한 섬김, 디아코니아적 섬김을 보여주신 것이다.

예수님을 만나 영적인 갈급함이 채워진 사마리아 여인은 고립의 벽을 허물고 공동체 속으로 들어갈 수 있었다(요 4:28). 사마리아 여인을 찾아가신 예수님의 방법, 찾아감을 통해 그녀를 섬겨준 이 장면이 바로 이 시대 모든 사람들에게 필요한 교육방법의 핵심이라고 할 수 있다.

다수의 미래학자들은 코로나 이전의 상태로 회복되는 것은 불가능하다고 입을 모으고 있다. 이러한 상황에서 교회는 어떻게 회복을 꿈꾸며 나아갈 수 있을까? 특별히 용서받은 자로서 하나님의 사랑을 세상 속에서 실천할 수 있는 사람으로 예수님의 근본정신으로 살아가게 할 방법은 무엇인가? 그에 대한 답은 '디아코니아 교육'에 있다. 필자는 그동안 한국교회의 교육이 체계적이지 못한 것에 문제점을 제기하며 이론적인 교육에서 그치지 말고 삶에서 실천할 수 있는 교육으로서 '디아코니아'를 주장했다. 디아코니아는 예수님의 근본정신으로 '찾아가는 섬김의 실천'을 핵심으로 한다. 예수님은 육신의 옷을 입고 우리에게로 찾아오셨고, 제자들을 찾아가 나를 따르라고 말씀하셨으며, 자기 백성들을 구원하기 위해 그들의 삶의 자리로 찾아오셨다. 심지어 예수님을 거부하고 거절하던 사마리아의 한 여인에게 찾아가 대화를 나누시며 그녀를 용서하시고 구원하시는 모습을 볼 때, 그동안 한국교회가 놓치고 있었던 삶의 현장으로 찾아가는 것이 얼마나 중요한지를 확인할 수 있다.[3] 이어 전세대를 위한 실질적인 교육방향으로서의 디아코니아에 대한 실제적인 적용 방법들을 살펴보도록 한다.

전세대를 위한 실천적인 교육방향으로서의 디아코니아

이 시대 사람들이 현실 속에서 바른 자아를 찾아갈 수 있도록 교회는 실천적인 디아코니아 교육을 실시하여 그들을 더 건전하게 세울 수

---

3) 문형진은 사마리아 여인을 찾아가신 예수님의 모습을 언급하며 알파세대를 향한 첫 번째 적용점으로 적극적인 다가감을 주장했다. 문형진, 『알파세대의 특성과 기독교 교육적 소통에 관한 연구: 요한복음 4장을 중심으로』, 한국실천신학회 정기학술세미나(02/16/2024), 104.

있다. 디아코니아 교육은 전통적인 교회교육의 한계를 넘어서, 하나님의 말씀과 예수 그리스도의 삶을 오늘의 일상 속에 통전적으로 구현하는 통합 교육 모델로 자리매김할 수 있다. 이러한 교육의 방향은 "찾아감"을 통해서 '대면 기피'라는 장애를 극복하여 "사랑하는 우리"라는 공동체 비전을 심어주고, 복음의 사회적 책임을 실천하는 신앙의 민감성을 키우는 데 필수적이며, 전국 교회가 함께 실천해 나갈 수 있는 총회 교육목회의 실질적 대안이 된다.

디아코니아 주제 교육을 통한 사랑의 실천

① 영아부부터 청년부까지

하나님께 용서받은 자로서, 교회 안에서는 사랑의 공동체를 이루고, 교회 밖에서는 복음의 책임 있는 삶을 실천하도록 돕는 것은 오늘날 교회교육의 핵심 과제다. 이에 따라 교회학교는 전 연령을 아우르는 세대별 교육 속에 디아코니아 실천 주제를 연령별로 특화하여 알파세대가 신앙 안에서 자라나고, 이웃을 섬기는 삶을 자연스럽게 배우도록 지도할 수 있다. 또한 각 부서는 아래와 같이 연령에 따라 구체적이며 실천 중심적인 교육 목표를 설정한다.

영아부 ~ 유치부 : 주일 성수와 새벽예배 참여를 통해 경건의 습관을 형성하고

유년부 : 선교 체험을 통해 타인에 대한 긍휼과 관심을 기르며

초등부 : 탈북민과 통일 교육을 통해 분단의 아픔에 공감하고

소년부 : 노인 섬김과 환경 교육을 통해 세대 간 존중과 생태 감수성을 익히고

중등부 : 장애 이해 교육을 통해 포용의 공동체 구성원으로 성장하며

고등부 : 디아코니아 예배를 통해 예배-삶-사랑이 연결된 신앙을 훈련하고

청년부 : 농촌 및 해외 선교 현장 탐방을 통해 세계 시민 의식과 글로벌 디아코니아 리더십을 함양한다.

이러한 세대별 접근은 단지 지식 전달에 그치지 않고, 복음을 체험하고 실천하는 신앙 훈련의 장이 된다. 특히 키즈예배, 글로벌 디아코니아 학교, 자립대상교회 목회자 자녀들과의 교류 등은 알파세대가 교회 공동체를 넘어 지역사회와 세계를 향해 사랑을 실천할 수 있는 장을 확대시키는 디딤돌 역할을 하도록 도울 수 있다.

이와 같은 통합적 교육은 "용서받은 나, 사랑하는 우리"라는 총회 교육목회 주제를 알파세대 안에 깊이 심고, 그들이 자라나는 전 과정 속에서 사랑의 공동체성과 섬김의 책임 의식을 자연스럽게 내면화하게 하는 선교적 교육 모델로 확산될 수 있다.

② 장년부 디아코니아 학교

총회 교육목회 주제인 "용서받은 나, 사랑하는 우리"는 단지 알파세대 교육에 국한되지 않는다. 교회는 장년 성도들이 먼저 용서받은 은혜를 고백하며, 섬김의 리더십을 실천하는 '사랑하는 우리'의 핵심 동력으로 세워져야 한다. 이를 위해 장년 성도들을 위한 단계별 디아코니아 교육과정을 체계적으로 운영하는 것은 매우 실질적인 실천 방안이 된다. 이 교육은 신앙 고백에 머무르지 않고, 교회 안에서는 섬김의 리더로, 세상 속에서는 책임 있는 시민으로 살아가는 전인적 신앙 훈련의 성격을 지닌다.

  1단계 (6주): 새가족을 위한 기초 섬김 교육. 단순한 교회 적응을 넘어서, 하나님의 사랑 안에 정착하고 교회의 비전을 공유하며, 섬김의 동역자로 자라나게 된다.

2단계 (6주): 디아코니아 신학과 실천 교육. 고백적 신앙과 실제 봉사 활동을 결합하여 내적 성숙과 사회적 실천을 동시에 이룬다.

3단계 (1년): 봉사 전문가 양성과정. 성도 각자가 자신의 은사와 열정을 따라 교회와 지역사회 속 사역 현장을 주도적으로 개척하며, 삶 전체를 사랑의 현장으로 살아내는 성숙한 디아코노스로 양육된다.

이러한 장년 대상 디아코니아 교육은 단지 개인의 성장에 머무르지 않고, 세대 간 신앙 전수와 협력을 촉진하며, 교회 전체가 사랑 실천의 공동체로 변화되는 데 크게 기여한다. 특히, 이는 총회가 지향하는 "전 세대가 함께 참여하는 하나님 나라 운동"을 구체화하는 모델로서, 한국교회가 회복과 부흥의 길로 나아가는 실질적 대안이 될 수 있다.

실제적인 적용(찾아가는 삶의 예배)

① 찾아가는 당회-먼저 용서받은 자가 먼저 섬긴다

교회의 지도자들이 '용서받은 나'의 은혜에 응답하여 먼저 사랑을 실천하는 것은, 교회 전체에 섬김의 문화를 확산시키는 중요한 출발점이 될 수 있다. 이에 따라, 교회의 당회나 운영위원회 등 주요 의사결정 기구가 지역사회의 도움이 필요한 현장을 직접 찾아가 봉사하고, 이후 회의를 진행하는 '찾아가는 회의 문화'를 제안한다.

이러한 실천은 단순한 형식이 아니라, 예수 그리스도의 섬김을 본받아 교회 행정 자체가 실천적 영성을 품도록 돕는 과정이다. 지역 노인시설, 복지기관, 쪽방촌, 환경정화 구역 등을 방문하여 섬김을 실천한 후, 그 경험을 나누며 회의를 진행할 때, 당회원 간에도 자연스럽게 배려와 경청의 분위기가 형성되고, 회의 문화 자체가 변화되는 긍정적인 효과가 나타난다.

② 찾아가는 농촌교회-사랑으로 이어진 도시와 농촌의 연대

도시 교회가 받은 은혜를 이웃과 함께 나누는 것은 하나님 나라 공동체의 본질적인 사명 중 하나이다. 이에 따라, 지역 교회들은 매년 교구별로 농촌교회를 찾아가 함께 예배드리는 '찾아가는 농촌교회 예배'를 실천해 나갈 수 있다. 이 사역은 단순한 물질적 지원을 넘어, 농촌교회 목회자와의 사전 협의를 통해 예배의 방향과 필요를 함께 고민하며, 상호 존중과 동역의 파트너십 속에서 이루어진다.

예배 이후에는 지역 성도들과의 교제를 통해 기도 제목을 나누고, 농촌 지역의 상황을 깊이 이해하며, 도시와 농촌이 하나된 공동체로 연대하는 사랑의 네트워크를 형성해 간다.

이러한 관계는 일회성으로 그치지 않고, 실질적인 후속 사역으로 이어진다. 예를 들어, 자립대상교회 어린이를 위한 여름성경학교를 도시교회가 함께 주관하거나, 농번기 일손돕기, 농촌 목회자 초청 새벽기도회, 그리고 디아코니아 장학금 지원 및 글로벌 디아코니아학교 참여 기회 제공 등을 통해 지속 가능한 사랑의 연결이 이루어진다.

③ 찾아가는 장애인 예배-나와 너 사이의 벽을 허무는 사랑

교회는 하나님께서 창조하신 모든 이웃과 더불어 살아가는 공동체로 부름 받았다. 특히, 장애를 가진 이웃과 함께 예배하고 교제하는 일은 '사랑하는 우리'의 진정한 의미를 회복하는 길이 될 수 있다. 이에 따라, 교회는 '장애인 주일'과 같은 특별한 날에만 머무르지 않고, 장애인교회나 시설을 찾아가 예배를 함께 드리는 찾아가는 장애인 예배를 실천할 수 있다.

이러한 예배는 장애인과 비장애인이 함께 찬양하고 기도하며, 서로의 다름 속에 담긴 하나님의 형상을 발견하게 하는 은혜의 자리가 된다. 장애인들이 드리는 찬양과 감사, 기도의 진실함은 예배에 참여하는

모든 이에게 진정한 사랑과 기쁨이 무엇인지를 깨닫게 한다.

예배 이후에도 정기적인 방문과 교류를 이어가며, 단발적인 행사를 넘어 서로를 있는 그대로 받아들이고 존중하는 신앙 공동체로의 성숙을 지향해야 한다.

④ 찾아가는 교육부-어릴 때부터 배우는 사랑 실천의 삶

하나님의 사랑을 경험한 알파세대가 그 사랑을 이웃에게 흘려보내는 삶을 살아가도록 이끄는 것은 교회의 중요한 교육 사명이다. 이에 따라, 영유아부터 청소년과 청년에 이르기까지 각 세대가 사랑의 실천을 몸으로 배우는 '찾아가는 교육부' 사역을 전개할 수 있다.

유치부부터 초등부까지는 노인시설을 방문하여 찬양하고, 어르신들께 안마와 정서적 위로를 전하는 시간을 가지며, 중고등부는 병원 어린이 병동을 찾아가 찬양과 나눔으로 위로의 손길을 전한다. 또한 청년부는 농촌교회 및 사회 취약 지역과의 연계 사역을 통해 더 넓은 시야로 섬김의 삶을 배우는 현장 경험을 쌓는다.

⑤ 찾아가는 이주민 공동체-경계를 넘어 사랑을 나누는 예배

다문화 사회로 빠르게 변화하는 오늘의 현실 속에서, 교회는 국적, 언어, 문화의 차이를 넘어서는 하나님 나라 공동체의 환대와 포용을 실천할 책임이 있다. 이를 위해 전국 교회는 지역의 이주민 공동체를 찾아가 예배와 교제를 함께 나누는 '찾아가는 이주민 공동체 예배'를 실천할 수 있다. 이 예배는 단순한 환영 행사가 아니라, 이주민과 함께 하나님을 예배하고, 그들의 문화와 삶의 이야기를 존중하며, 서로의 다름을 이해하는 공감과 동행의 신앙 실천이다. 예배 이후에는 각국의 문화를 나누는 문화 교류의 시간을 갖고, 이주민 자녀들을 위한 언어 교육, 학습 지원, 장학금 후원 등을 통해 삶의 실질적인 필요를 돌보는 지속적인 사역으로 이어진다.

⑥ 찾아가는 쪽방촌·고시원 사역-외롭고 작은 자에게로 가는 사랑

도시화의 그늘 속에서 고립된 쪽방촌 주민과 고시원 거주자는 오늘날 교회가 먼저 찾아가야 할 이웃이다. 교회는 이들을 주기적으로 방문하여 생필품 전달, 정서적 지지, 공동체 행사, 자립 지원 등을 통해 "하나님이 당신을 사랑하십니다"라는 복음을 삶으로 전할 수 있다.

⑦ 찾아가는 청소년 위기 현장 – 아픈 청소년에게 손 내미는 교회

청소년들이 겪는 정신건강 문제, 가정갈등, 학교 부적응 등 다양한 위기 상황 속에서 교회는 그들을 외면하지 않고 직접 찾아가 위로하고 동행하는 사역을 펼칠 수 있다.

학교와 청소년 기관과의 협력을 통해 심리상담과 갈등 해결 교육, 소그룹 모임과 캠프, 멘토링 프로그램 등 다양한 형태로 청소년들과 지속적으로 관계를 맺고, 그들이 사랑받고 있다는 사실을 삶으로 느낄 수 있도록 돕는다.

⑧ 찾아가는 공공시설 근무자 사역-보이지 않는 헌신에 감사하는 사랑

소방서, 경찰서, 환경미화팀 등 지역사회를 지키는 공공근무자들은 가장 가까이 있으면서도 가장 쉽게 잊혀질 수 있는 이웃이다. 교회는 이들을 찾아가 감사의 선물과 편지, 기도의 마음을 전하며, 섬김의 자리에 있는 이들을 섬기는 신앙의 사랑을 실천하고 있다.

이 사역은 단순한 감사 표현을 넘어, 보이지 않는 헌신에 대한 신앙적 감사를 알파세대와 공동체 안에서 교육적으로 풀어내는 기회가 된다.

⑨ 찾아가는 자연재해·재난 현장-고통의 자리로 나아가는 사랑

지진, 폭우, 화재 등으로 고통받는 이웃이 있을 때, 교회는 하나님의

사랑을 들고 고통의 현장으로 먼저 달려가는 공동체가 되어야 한다. 긴급 구호 물품을 지원하고, 봉사 인력을 파견하며, 피해 복구 이후에도 지속적인 관심과 기도를 이어가는 사역은 하나님의 위로를 실천으로 전하는 살아 있는 신앙의 표현이다.

⑩ 찾아가는 가족-용서를 배우고 사랑을 회복하는 가정

가정은 하나님께서 가장 먼저 세우신 하나님 나라의 첫 공동체이며, 교회 공동체의 뿌리가 되는 가장 중요한 기반이다. 따라서 교회는 가정 안의 갈등과 아픔을 외면하지 않고, 회복과 화해, 사랑과 용서를 이루어가는 사역에 적극적으로 참여해야 한다.

이를 위해 부부 및 자녀 관계 회복을 위한 상담, 정기적인 가족 예배와 부모 교육, 가족이 함께 참여하는 봉사 활동과 캠프, 관계 회복과 소통을 위한 워크숍 등 다양한 프로그램을 운영함으로써, 용서와 사랑이 자연스럽게 흐르는 건강한 가정을 세워가는 일을 지원할 수 있다.

마치면서

포스트 코로나 시대를 지나며 위기를 맞고 있는 한국교회는 이제 새로운 변화의 지점을 맞이하고 있다. 이 위기는 단순한 구조나 외형의 문제를 넘어, 교회의 교육이 본질에서 멀어진 위기임을 직시해야 한다. 한국교회의 회복은 곧 신앙교육의 회복에 달려 있으며, 그 핵심은 예수 그리스도의 본질을 담은 '디아코니아 교육'을 다시 교회의 중심에 세우는 일이다. 그리고 그 시작점에 있는 세대는 알파세대다. 교회는 이들의 특징을 먼저 이해하고 그들에게 맞는 방식으로 교육시켜야 한다.

요한복음 4장에서 사마리아 여인을 만나는 장면을 통해서 그리스도께서 몸소 보여주신 찾아가서, 용서하시고, 섬겨주신 사랑의 정신이 바로 디아코니아다. 그러므로 디아코니아는 선택 가능한 부가적 사역이 아니라 교회다움의 본질 그 자체이다. 디아코니아가 실종된 교회는 결국 세상 속에서 존재 이유를 잃게 되며, 복음의 능력은 삶의 자리에서 증명되지 못한다. 예수께서 "나는 섬기는 자로 너희 중에 있노라"(눅 22:27) 하신 말씀처럼, 교회는 성도 한 사람 한 사람을 섬기는 자로 세워야 한다. 이를 위해 교회는 사마리아 여인을 찾아가 용서하시고 섬김으로 구원하신 예수님의 모습을 본받아야 한다. 사마리아 여인을 찾아가신 예수님은 사마리아 여인을 통해서 사마리아 사람들에게도 복음을 전하실 수 있었다. 이처럼 우리는 성도들을 향한 전세대적인 디아코니아 교육을 통해 세상에서 사랑을 실천할 수 있는 사람들로 세우고, 그렇게 훈련된 성도들은 삶의 현장에서 섬길 수 있는 참된 예배자로 살아가며, 무너진 공동체 속에서 하나님의 긍휼과 사랑을 회복시켜 나갈 것이다.

예수님께서 나를 찾아오셨고 용서해 주셨다는 확신이 없다면 우리는 누군가를 찾아갈 수 없다. 사랑의 섬김을 실천하는 디아코니아 정신의 회복은 한국교회가 처한 현실을 극복하는 대안이며, 우리가 추구해야 할 거룩한 공동체의 시작점이다. 그러기 위해서는 무엇보다 먼저, 전 생애적인 디아코니아 교육을 통해 이 시대 그리스도인들의 정체성이 디아코니아의 정신으로 회복되어야 한다. 디아코니아 정신을 통해서 예배와 삶이 분리되지 않고, 예배가 곧 섬김이 되는 교회, 그 모습 안에서 "용서받은 나, 사랑하는 우리"라는 주제는 살아 숨 쉬는 고백이 된다.

지금, 우리가 가야 할 길은 분명하다. 예배와 교육, 섬김과 공동체가 통전된 교회, 다시 말해 디아코니아 정신으로 무장한 교회를 세우는 일이다. 이것이야말로 한국교회가 새로워지고, 세계 교회에 본이 되며, 하나님의 이름을 높이는 영적 부흥의 길이 될 것이다.

역사 속에서
용서와 사랑을 만나다

역사현장 탐방 프로그램을
중심으로

이세영 목사
[대전온누리교회]

'역사 이야기의 힘'이 용서와 사랑을 만나다

역사는 단순한 과거 사실의 나열을 넘어, 인간의 본성과 사회의 복잡성을 이해하는 중요한 도구로 사용된다. 그뿐만 아니라 거울과 같은 기능을 통해 자신을 돌아보게 하며, 표지판과 같은 역할을 통해 앞으로 나아가는 방향을 제시해 준다. 이런 도구로써 사용되는 역사를 말할 때는 바로 "이야기의 힘"이 키워드가 된다. 특별히 추상적이고 어려운 개념을 다룰 때 역사가 가진 "이야기의 힘"은 추상적 개념에 대한 이해도를 높이게 하고 그 개념이 가진 가치를 드러내고, 직접 배우고 내면화하는 데 있어서 강력한 매개체가 될 수 있다. "용서받은 나, 사랑하는 우리"라는 주제를 우리의 일상으로 풀어낼 때 역사가 가진 '이야기의 힘'이라는 것이 어떻게 작동되는지 4가지로 살펴보겠다.

이야기와 인물을 통한 공감 형성

역사는 수많은 개인의 이야기와 집단의 경험을 담고 있다. 이러한 이야기들을 접하는 이들은 과거 인물들의 고뇌, 아픔, 그리고 그 속에서 피어난 사랑과 용서의 순간들을 간접적으로 경험하게 된다. 예를 들어, 손양원 목사님이 두 아들을 죽인 원수를 용서하고 양아들로 삼은 이야기는 단순한 사실 전달을 넘어, 인간의 한계를 뛰어넘는 아가페적 사랑과 용서의 실천이 무엇인지를 깊이 마음에 새기도록 돕는다. 우리는 이러한 이야기를 통해 타인의 고통에 공감하고, 용서가 얼마나 큰 희생과 용기를 있어야 하는지 깨닫게 되는 자리까지 나아간다. 곧 "역사 이야기의 힘"은 공감 능력을 키우고, 용서가 추상적인 개념이 아닌 실제 삶에서 구현되는 것임을 이해하는 데 필수적으로 작용한다.

갈등과 화해의 과정 학습

역사는 갈등과 분열의 아픈 순간들을 기록하지만, 동시에 그 속에서 화해와 재건을 위한 노력을 보여준다. 전라남도의 작은 섬마을인 임자도에서 일어난 이인재 목사님이 가족을 몰살한 원수들을 용서하여 보복 없는 평화를 가져온 사례는, 용서가 개인의 치유를 넘어 공동체 전체의 화해와 회복을 끌어내는 강력한 힘임을 가르친다. "역사_이야기의 힘" 이러한 갈등과 화해의 과정을 분석함으로써, 이야기를 접하는 모든 이들에게 용서가 단순히 **잊는 것이 아니라, 깨어진 관계를 재건하고 미래를 향해 나아가는 적극적인 행위**임을 배우도록 돕는다. 이는 정의로운 화해를 위한 노력과 용서의 중요성을 동시에 인식하게 한다.

비판적 사고와 도덕적 성찰 함양

역사적 사건을 탐구하는 과정에서 사람들은 다양한 관점과 복잡한 인과관계를 분석하게 된다. 이는 비판적 사고 능력을 길러주며, 특정 사건에서 용서가 이루어졌을 때와 그렇지 못했을 때의 결과를 비교하며 도덕적 성찰을 유도한다. 예를 들어, 길선주 목사님이 자신의 죄를 공개적으로 고백하고 용서받음으로써 평양 대부흥운동의 불씨를 지핀 이야기는, 진정한 회개와 용서받음이 개인의 변화를 넘어 공동체에 어떤 긍정적인 영향을 미치는지를 보여준다. 반대로, 용서하지 못하고 복수심에 사로잡혔을 때 어떤 비극이 반복되었는지도 역사는 냉철하게 보여준다. 이러한 "역사 이야기의 힘"은 이야기를 마주한 이들에게 용서의 가치를 내면화하고, 자신의 삶과 사회 문제에 적용할 수 있는 통찰력을 얻도록 돕는다.

현재와의 연결 및 미래 지향적 가치 교육

역사는 과거의 사건을 현재의 맥락에서 이해하고 미래를 위한 교훈을 얻는 과정이다. 과거의 용서와 사랑의 이야기들은 오늘날 우리 사회가 직면한 갈등과 분열을 해결하는 데 필요한 지혜와 영감을 제공한다. 이야기를 듣는 현재의 시점에서 충분히 역사 속 인물들의 용기와 헌신을 배우며, 자신 또한 사랑과 용서를 실천하는 주체가 될 수 있음을 깨닫게 된다. 이는 단순한 지식 습득을 넘어, 사랑과 용서의 가치를 삶 속에서 실천하고 더 나은 공동체를 만들어가는 시민 의식을 함양하는 데 이바지한다.

결론적으로, "역사 이야기의 힘"은 과거의 이야기를 통해 사랑과 용서라는 추상적인 개념을 우리 모두에게 구체적으로 경험하고, 공감하며, 비판적으로 사고하고, 나아가 자신의 삶과 사회 속에서 실천할 수 있는 역량을 길러주는 중요한 도구다.

"용서받은 나, 사랑하는 우리" : 사랑으로 돌아와 공동체의 출발점이 되다

우리의 신앙 여정은 우리가 무엇을 했는지가 아니라, 우리를 위해 무엇이 이루어졌는지에 대한 깨달음에서 시작된다. 이때 절대 잊어서는 안 되는 명제가 바로 "하나님께서 베푸신 무조건적인 용서와 사랑"이다. 이 용서와 사랑은 추상적인 개념처럼 경험될 수 있으나 이야기를 통해 실제적이고 구체적인 사건으로 이해될 수 있으며 한 사람의 인생을 송두리째 뒤바꾸는 개인적인 사건이 되고, 이러한 개인적 사건은 사랑을 입고 공동체를 향해 힘을 발휘하게 된다. 우리는 성경 속 두 이야기를 통해 '용서받은 나'가 어떻게 사랑을 경험하고, 그 힘으로 '사랑하는 우리'로 나아가는 공동체의 새로운 출발점이 될 수 있는지 확인할 수 있다.

사랑으로 용서받은 나 : 탕자에게서 발견하는 은혜

우리는 모두 죄로 인해 하나님과의 관계를 떠나 자신의 욕망을 좇아 방황했던 경험이 있다. 예수님께서 들려주신 탕자의 비유(눅 15:11-32)는 바로 그러한 우리 자신의 이야기다. 비유 속 둘째 아들은 아버지의 재산을 미리 받아 먼 나라로 떠나 허랑방탕하게 탕진했다. 그의 삶은 자신의 선택으로 인한 파멸이었고, 그는 아버지의 집으로 돌아갈 자격을 잃었다. 아들이 아버지에게 돌아갔을 때 기대했던 것은 "종으로라도 살게 해 달라"는 것이었다. 그러나 이 비유의 핵심은 아들의 회개가 아니라 '아버지의 사랑'에 있다. 또 아들의 처지에서는 '용서받음'을 말할 수 있다. 아들이 아직 멀리 있을 때 아버지는 그를 먼저 알아보고, 달려가 목을 안고 입을 맞추었다. 이 아버지의 행동은 아들의 회개나 자격 때문에 비롯된 것이 아니다. 아들을 향한 깊고 변함없는 사랑, 즉 아가페(agape) 사랑이 그를 움직였다. 아버지는 아들을 향한 사랑 때문에 이미 용서를 결심했고, 그 사랑이 아들을 다시 아들로 회복시키는 동력이 된 것이다.

여기서 아버지의 따뜻한 포옹은 죄인인 우리를 향한 하나님의 조건 없는 용서와 화해(Reconciliation)를 상징한다. 아들에게 새 옷과 가락지, 신발을 신겨준 것은 단순히 의복을 갈아입힌 행위를 넘어, 죄로 인해 상실되었던 아들의 신분을 회복(Restoration)시키고 의롭다 칭하시는(Justification) 하나님의 은혜를 보여준다. 이 이야기는 우리가 '용서받은 나'를 경험할 때에는 사랑이 먼저라는 사실을 일깨웁니다. 우리의 죄와 부끄러움이 사랑 안에서 사라지고 용서받을 때 새로운 존재로 다시 태어날 수 있음을 가르쳐준다.

용서받아 공동체의 출발점이 된 나 : 베드로에게서 발견하는 사명

탕자의 비유가 용서받은 '나'의 개인적인 회복에 초점을 맞춘다면, 베드로의 용서받음(요 21:15-19)은 그 용서받은 '나'가 어떻게 공동체의 출발점이 될 수 있는지를 보여준다. 곧 용서받은 나에게서 어떻게 '사랑하는 우리'로 나아갈 수 있는지를 확인시켜 준다. 예수님의 수제자였던 베드로는 예수님이 십자가에 달리시기 전, 두려움에 사로잡혀 예수님을 세 번이나 부인했다. 그의 죄는 예수님을 향한 배신이었고, 이로 인한 죄책감은 그를 깊은 절망의 늪으로 몰아넣었다. 그는 자신의 사명이 끝났다고 생각했다.

그러나 부활하신 예수님은 절망에 빠진 베드로를 찾아오셨다. 예수님은 베드로를 비난하거나 꾸짖지 않으셨다. 대신 "네가 나를 사랑하느냐?"고 세 번 물으심으로써, 베드로의 세 번의 부인을 사랑의 고백으로 덮어주셨다. 이는 단순히 과거의 죄를 사면하는 것을 넘어, 베드로의 상처와 수치심을 어루만지고 그의 마음을 완전히 치유하는 회복시키는 은혜(Restorative Grace)였다. 예수님은 베드로를 용서하셨을 뿐만 아니라, 그를 "내 양을 먹이라"는 새로운 사명으로 다시 부르셨다.

이 사건의 신학적 중요성은 베드로가 바로 초대교회의 핵심 인물, 즉 새로운 공동체의 출발점이 되었다는 데 있다. 예수님은 완벽하고 흠 없는 사람을 공동체의 리더로 세우신 것이 아니라, 죄를 범하고 절망했던 용서받은 사람을 세우셨다. 베드로는 자신의 실패와 용서받음의 경험을 통해 교회가 죄인들의 공동체이며, 오직 하나님의 용서와 사랑 위에서 세워질 수 있음을 증거가 되는 살아있는 증인이 되었다. '용서받은 나'가 곧 '사랑하는 우리'라는 공동체의 새로운 시작이 되는 것이다.

'용서받은 나 사랑하는 우리'

탕자가 아버지의 사랑 안에서 용서받고 회복되었듯이, 우리는 하나님으로부터 무조건적인 사랑을 받았다. 그리고 베드로가 예수님의 용서와 회복시키는 은혜를 통해 새로운 공동체의 시작점이 되었듯이, 용서받은 우리는 더 이상 혼자서 외롭게 존재하는 이들이 아니다.

'용서받은 나'의 이야기는 '사랑하는 우리'의 이야기로 확장된다. 용서받은 개인들은 서로의 허물과 약함을 이해하고 품으며, 사랑과 용서가 넘치는 공동체를 이루어간다. 이 공동체는 세상의 비난과 정죄가 아닌, 하나님의 사랑이 증거가 되는 산증인이 된다. 우리가 받은 용서의 은혜에 감사하며, 그 사랑을 타인에게 베풀 때 비로소 우리는 진정한 그리스도인이 되며, 우리의 삶은 하나님의 사랑으로 충만한 '사랑하는 우리'의 출발점이 될 것이다.

기독교 문화유적답사 : 임자도 진리교회 & 공주

오늘날 기독교교육은 단순한 지식 전달을 넘어, 삶을 변화시키는 경험(Experiential)이 될 때 그 강력함이 경험된다. 이를 위한 가장 효과적인 방법의 하나가 바로 기독교 문화유산 답사라고 이해한다. 과거 믿음의 선배들이 남긴 발자취를 직접 걷는 것은 책에서 배울 수 없는 생생한 영적 체험을 선사한다. 답사는 참여자 모두가 능동적인 주체가 되는 참여적(Participatory) 교육의 장이다. 단순히 해설을 듣는 것을 넘어, 유적지에서 함께 기도하고, 삶을 나누며, 공동의 믿음을 확인하는 과정에서 우리는 수동적인 청중이 아닌 살아있는 예배자가 된다. 또한, 답사 현장에서 직접 보고 느끼는 모든 것은 강력한 이미지(Image-driven)가 되어 우리의 신앙을 풍요롭게 한다. 오래된 교회의 낡은 벽돌, 순교자의 흔적이 남은 숲길, 선교사들의 기념관 등 눈에 보이는 모든 요소가 추상적인 교리를 넘어선 생생한 복음의 이야기로 다가온다. 무엇보다 답사는 신앙을 혼자 서가 아닌 공동체적(Communal)으로 경험하게 한다. 함께 보고, 함께 느끼며, 함께 감동하는 이 모든 과정을 통해 우리는 신앙의 여정을 함께 걷는 진정한 '우리'가 된다. 기독교 문화유산 답사는 단순히 역사적 장소를 방문하는 것을 넘어, EPIC이라는 새로운 교육 패러다임을 통해 우리의 신앙을 깊고 풍성하게 만드는 살아있는 배움의 현장이다. "용서받은 나, 사랑하는 우리"를 좀 더 현장감 있는 교육으로 안내할 수 있는 임자도 진리교회, 공주 영명학교 답사프로그램을 제안한다. 표시된 장소에서 관련된 내용을 나누고 묵상 질문을 통해 "오늘의 용서와 사랑"을 새롭게 세우는 신앙교육의 시간이 되길 바란다.

용서받은 나: 임자도 진리교회의 위대한 유산

① 이판일 장로: 복음의 씨앗, 순교로 꽃피다(임자진리교회 본당)

1930년대 초, 전라남도 신안군 임자도는 깊은 절망과 어둠 속에 갇혀 있었다. 당시 섬을 지배했던 것은 미신과 무속신앙이었고, 사람들의 삶은 가난과 병고로 고단했다. 이곳에 한 줄기 빛이 되어 들어온 것은 '섬마을의 성자'로 불리던 문준경 전도사님이셨다. 그녀는 험한 갯벌을 오가며 지극정성으로 복음을 전했고, 그 헌신에 마음을 연 첫 번째 열매 중 한 분이 바로 이판일 장로님(1898-1950)이셨다.

이판일 장로님은 예수님을 영접한 후 그의 삶은 완전히 뒤바뀌었다. 그는 미신을 버리고 가정을 하나님께 온전히 바쳤으며, 동생 이판성 집사를 포함한 모든 가족을 교회로 인도했다. 1932년 문 전도사님에 의해 진리교회가 개척되었을 때, 이 장로님은 든든한 동역자가 되어 교회를 방해하려는 외부 세력에 맞서 굳건히 교회의 기둥 역할을 해내셨다.

그의 신앙은 일제강점기 시절, 더욱 시험대에 올랐다. 일본이 신사참배를 강요했을 때, 이판일 장로님은 이를 단호하게 거부했다. 이로 인해 그는 목포경찰서에 구금되어 모진 고문을 당했다. 경찰들은 그의 팔다리를 묶고 온갖 잔혹한 고문을 가했다. 하지만 놀랍게도, 그는 고통 속에서 피투성이가 되었음에도 오히려 평온한 얼굴로 싱글벙글 웃었다고 한다. 경찰은 그를 정신병자로 여겨 석방했다. 이후 장로님은 "나같이 비천하고 못난 인간을 위해 주님께서 그 모진 핍박을 당하셨는데, 내가 이렇게라도 주님 사랑을 만분의 일이라도 갚는다고 생각하니 너무 기쁘고 영광스러워서 웃음이 나왔다."라고 고백했다. 이 고백은 순교를 기쁨으로 여기는 그의 굳건한 믿음을 보여주며, 훗날 6.25 전쟁 당시의 순교까지 이어진 굳건한 뿌리가 되었다.

1950년 6.25 전쟁이 발발하자, 이판일 장로님은 피난을 가지 않고 교회를 지키기로 했다. "나는 이미 오래전부터 순교를 각오했다"라는 그의 단호한 믿음은 곧 현실이 되었다. 1950년 10월 4일 수요일 저녁 몰래 예배를 드리고 있는 집안에 좌익 세력이 들이닥쳐 이 장로님과 아내 박순애 권사님을 비롯한 13명의 가족을 붙잡아갔다. 좌익 세력들은 외지에서 온 낯선 군인들이 아니었다. 한동네에 살던 이웃들이었다. 새벽 갯벌로 끌려가 무참히 살해당했고 아무렇지도 않게 버려졌다. 그 비극적인 순간, 이판일 장로님은 무릎 꿇고 "주여, 저들의 죄를 용서하여 주시옵소서"라고 외치며 마지막 순간까지 복수가 아닌 용서를 고백했다고 전해진다. 그의 이 기도는 이후 남겨진 가족과 공동체에 깊은 울림을 주며, 진정한 용서의 씨앗이 되었다.

> **묵상 질문** ① 내 삶에서 용서하기 어려운 '나의 원수'는 누구입니까? 그 사람을 용서하는 일이 감정적으로 불가능해 보일 때, 나는 이인재 목사님처럼 신앙적 결단으로 용서를 선택할 수 있겠습니까?

② 이인재 목사: 아픔을 넘어선 용서와 실천의 삶(순교지 '백산 솔밭')

아버지의 순교 당시, 장남이었던 이인재 목사님(당시 청년)은 목포에 있었기에 화를 면할 수 있었다. 하지만 그의 삶은 아버지의 순교 이후 완전히 새로운 방향으로 흘러갔다. 전쟁이 끝난 후 임자도로 돌아온 그는, 갯벌과 모래 산에 집단 매장된 가족들의 시신을 직접 수습해야 했다. 눈 앞에 펼쳐진 참혹한 광경 앞에서 그는 형언할 수 없는 분노와 복수심에 사로잡혔다. 그때, 국군 지휘관이 좌익 세력에 대한 즉결 처형권을 그에게 주며 복수의 기회를 주었다. 이인재 목사님은 분노와 증오 속에서 복수를 택할 수도 있었지만, 마음속에서 아버지의 음성을 들었다고 고백했다. "사랑하는 아들아, 내가 그들을 용서했다. 너도 용서하고 원수를 사랑으로 갚아라." 이 음성에 깊은 고뇌 끝에 그는 복수 대신 용서의 길을 택했다. 그는 가해자들에게 "당신들을 다 살려줄 테니, 다만 예수 믿는다는 조건으로 용서하겠다"라고 말하고, 국군 책임자에게 이들의 목숨을 살려달라고 간청했다. 가해자들은 그의 간청 덕분에 목숨을 구할 수 있었다.

이인재 목사님의 용서는 말에 그치지 않았다. 그는 순교자들의 희생에 대한 보상금으로 주어진 논 1천 평을 팔아 예배당을 건축했다. 또한, 아버지를 죽이는 데 앞장섰던 사람들의 자녀 결혼 주례를 서거나 중매를 서주기도 했다. 이처럼 용서를 적극적인 사랑으로 실천하자, 놀라운 변화가 일어났다. 용서받은 이들 중 많은 이들이 회심하여 진리교회의 장로가 되는 등, 섬 전체에 보복의 악순환이 끊어지는 기적이 일어났다. 이후 목회자의 길을 걸은 그는 아버지가 순교한 바로 그 자리에서 마지막 목회를 하며 용서의 유산을 이어갔다.

> **묵상 질문** ② 나는 용서를 통해 무엇을 얻고자 합니까? 용서를 통해 내가 얻고자 하는 것이 분노의 해소, 평안함과 같은 개인적 유익에만 머물러 있지는 않습니까? 내가 포기해야 할 '나의 복수'를 내려놓을 때, 주님께서 내 삶에 주시려는 '진정한 회복'은 무엇이라고 생각합니까?

③ 이성균 목사: 3대를 잇는 화해의 신앙(임자중앙교회 옆 992명 위령비)

이판일 장로님과 이인재 목사님의 위대한 용서의 유산은 3대손인 이성균 목사님에게까지 이어져 임자진리교회에 살아 숨쉬고 있다. 이성균 목사님은 아버지가 지켜온 믿음의 역사를 가장 가까이에서 보고 자랐다. 특히, 할아버지가 순교하셨던 바로 그 나이에(50세) 임자진리교회 담임목사로 부임하게 된 것은 그에게 남다른 의미를 부여했다.

이성균 목사님은 순교자들의 피와 아버지의 용서가 깃든 이 땅에서 화해의 신앙을 강조하고 있다. 그는 "적대세력을 용서하셨던 조부님과 선친 목사님의 십자가 정신이 임자도에서 실현된 것 같다"라고 고백하며, 용서가 과거의 아픔을 넘어 현재의 화해와 치유로 이어지는 살아있는 신앙임을 증언하고 있다. 임자진리교회는 순교 기념비를 세워 48인 순교자의 넋을 기리고, 많은 성도와 순례객들이 찾아와 순교 신앙을 기억하는 터전이 되었다. 이성균 목사님은 이 모든 것을 통해 순교자의 후손으로서의 사명을 다하고 있다.

이처럼 임자도 진리교회 이야기는 이판일 장로님의 숭고한 결단, 이

인재 목사님의 고통을 넘어선 실천, 그리고 이성균 목사님의 계승을 통해 순교, 용서, 그리고 화해의 메시지를 전하는 거대한 드라마다. 이 이야기는 용서가 한 개인의 영혼을 자유롭게 할 뿐만 아니라, 파괴된 공동체를 회복시키고 대를 이어 새로운 역사를 일구는 가장 강력한 힘임을 보여준다.

> **묵상 질문 ③** 내가 용서하고 화해의 관계를 회복해야 할 대상은 누구입니까? 내가 오늘 내리는 용서의 결단이 나의 다음 세대와 공동체에 어떤 영적 유산으로 남게 될 것이라고 믿습니까?

사랑하는 우리: 조선을 품은 이름

① 닫힌 문을 연 교육의 힘(공주영명학교 기념비)

1900년, 사애리시 선교사님(Alice H. Sharp)이 남편 샤프 선교사님과 함께 충남 공주에 도착했을 때, 조선의 여성들은 교육의 기회로부터 철저히 소외되어 있었다. 사애리시 선교사님은 이들의 삶을 변화시키기 위해, 1905년 충청도 최초의 여학교인 공주 명선여학교(현재 공주영명중·고등학교)를 세웠다. 그녀는 직접 교사가 되어 소녀들에게 글을 가르치기 시작했다. 또한, 낮에는 집안일에 매여 학교에 올 수 없는 부녀자들을 위해 저녁마다 자신의 집에서 야학을 열어 한글과 성경을 가르쳤다. 그녀에게 교육은 단순히 지식을 전달하는 행위가 아니었다. 그것은 억눌린 조선 여성들의 영혼에 빛을 비추고, 그들을 하나님 안에서 당당한 존재로 세우는 사랑의 실천이었다.

그녀의 교육 사역이 낳은 가장 위대한 열매 중 하나가 바로 유관순 열사와의 만남이다. 사애리시 선교사님은 유관순이 어린 시절 다니던 천안 병천의 교회를 방문했다가, 그녀의 총명함과 신앙심을 한눈에 알아보고 공주 영명여학교로 전학을 주선했다. 이후 유관순이 더 큰 배움의 기회를 얻을 수 있도록 서울 이화학당으로 유학을 보낸 것도 바로 그녀의 역할이었다. 사애리시 선교사님의 선견지명이 없었다면, 유관순 열사의 위대한 독립운동의 시작은 어려웠을지도 모른다.

> **묵상 질문** ① 사애리시 선교사님은 당시 소외된 여성들을 '우리'로 품고 그들의 잠재력을 발견했다. 오늘날 내 삶에서 나는 주님 안에서 '우리'로 품어야 할 사람들을 놓치고 있지는 않습니까? 내가 만나는 이웃의 닫힌 문을 열어주기 위해 나의 재능과 시간으로 무엇을 나눌 수 있을까요?

② 충청도에 심긴 사랑의 증거(공주 선교사 묘원)

사애리시 선교사님의 헌신은 공주라는 한 지역에 머물지 않았다. 그녀에게 조선은 온통 '사랑스러움'으로 가득 찬 땅이었기 때문이다. 남편의 소천 이후에도 홀로 남아 37년간 충청도 전역을 누비며 여성들을 위한 교육의 불씨를 지폈던 그녀의 삶 자체가 바로 '조선을 위한 사랑'의 증거였다. 그녀는 말을 타고, 때로는 가마에 몸을 싣고 천안, 논산, 강경, 부여, 보령, 아산 등 수많은 마을의 험한 산길과 진흙 갯벌을 건넜다. 그 길은 단순한 사역의 이동 경로가 아니라, 조선의 모든 여성을 '우리'로 품으려는 한 여인의 끈질긴 사랑의 여정이었다.

이러한 헌신으로 그녀는 공주 명선여학교 외에도 수많은 교육기관을 설립했다. 특히 강경 만동여학교와 논산 영화여학교는 지역 여성 교육의 중심지가 되었다. 그뿐만 아니라, 그녀는 20여 개의 소규모 교육기관과 7개의 유치원을 설립하며 남녀노소 모두에게 복음과 함께 근대교육을 전파했다. 당시 유치원은 아이들을 위한 보육과 교육을 겸하는 매우 혁신적인 기관이었다. 사애리시 선교사님은 단순히 학교를 짓는 것을 넘어, 조선의 여성들이 한 사람의 인격체로서 존중받는 세상을 만들고자 했다.

그녀가 뿌린 교육의 씨앗은 조선의 미래를 이끌어갈 '우리'라는 거대한 숲을 이루었다. 사애리시 선교사님의 지도로 성장한 많은 여성은 교사, 전도사, 간호사 등 사회 각 분야의 빛과 소금이 되는 지도자로 성장했다. 특히 유관순 열사는 물론, 한국 최초의 여성 경찰서장인 노마리아, 그리고 독립운동가 김현경 등 수많은 여성 인재들이 그녀가 세운 학교에서 가르침을 받고 역사의 주역이 되었다. 그녀는 교육을 통해 '사랑하는 우리'를 발견하고, 그들의 잠재력을 깨워준 진정한 어머니였다.

> **묵상 질문 ②** 사애리시 선교사님은 험한 길을 마다하지 않고 사랑을 전했다. 내 믿음의 울타리는 어디까지입니까? 내가 사랑해야 할 '우리'의 범위를 넓히기 위해, 불편함과 수고를 감수하고라도 찾아가야 할 곳은 어디이며, 만나야 할 사람은 누구입니까?

③ 사부인의 마지막과 영원한 사랑(공주제일교회 역사관)

1940년, 40여 년간 조선을 위해 헌신했던 사애리시 선교사님은 태평양 전쟁으로 인해 일제에 의해 강제 추방되었다. 사랑하는 이들을 등 뒤로 한 채 배에 올랐던 그녀의 마지막 길을 배웅하기 위해 수많은 조선인이 부두로 몰려들었다. 그들은 40년간의 헌신, 홀로 남편의 순교지에서 펼쳤던 37년간의 사역, 그리고 그녀가 가르쳤던 수많은 제자를 기억하며 눈물을 흘렸다. 사애리시 선교사님은 굳어진 얼굴로 손을 흔들며 마지막 인사를 건넸다. 하지만 그녀는 비록 육신은 고국으로 돌아갔지만, 조선 땅에 영원히 살아 숨 쉬는 '사랑의 유산'을 남겼다.

미국으로 돌아간 후에도 그녀의 한국 사랑은 변함이 없었다. 101세의 생을 마감할 때까지 "선교지 한국을 향한 기도와 후원의 삶"을 살았다는 기록은 그녀의 한국 사랑이 일시적인 사역이 아닌 평생에 걸친 헌신이었음을 보여준다. 그녀의 삶 자체가 한국을 위한 끊임없는 기도였다. 그녀가 마지막까지 착용했던 십자가 목걸이와 소박한 유품들이 80년이 지난 후에도 후손들을 통해 한국에 기증된 것은, 그녀가 한국을 얼마나 소중히 여기고 있었는지 보여주는 상징적인 증거다.

사애리시 선교사님에게 '사랑하는 우리'는 단순한 말이 아니었다. 그것은 국경과 인종을 넘어 마음으로 맺은 진정한 공동체였다. 그녀의 삶은 한 개인의 삶을 넘어 한 민족의 운명까지 바꾸는 위대한 사랑의 힘을 보여주는 살아있는 증거로, 그 사랑의 이야기는 오늘날까지 우리 가슴속에 영원히 새겨져 있다.

묵상 질문 ③ 사애리시 선교사님이 남긴 '사랑하는 우리'라는 유산은 오늘날 우리를 통해 완성된다. 나는 이 위대한 사랑의 유산을 어떻게 다음 세대에게 전할 수 있을까요? 나의 삶을 통해 사애리시 선교사님의 사랑 이야기가 계속 이어지도록 나는 무엇을 실천해야 하겠습니까?

"역사 이야기의 힘"은 용서와 사랑을 우리의 삶에 새기는 강력한 도구다. 임자도 진리교회의 순교와 용서, 그리고 공주 사애리시 선교사님의 헌신과 사랑은 단순한 과거의 이야기가 아니다. 이는 하나님께 용서받은 우리가 어떻게 사랑으로 돌아와 새로운 공동체의 출발점이 될 수 있는지 보여주는 살아있는 증거다. 제안된 현장 답사는 이 위대한 역사를 직접 경험하는 기독교교육의 장이 될 것으로 기대한다. 과거의 이야기가 우리의 삶에 스며들고, 우리의 믿음이 공동체를 향한 사랑으로 확장될 때, 비로소 '용서받은 나'는 '사랑하는 우리'가 되어 이 시대의 새로운 역사를 써 내려갈 것이다.

생태계의 신음에 용서를 구하다

생태환경교육

이현아 목사
[예장 생태선교운동본부 총무]

불화(不和)

2025년 여름, 유럽에서는 6월 23일부터 7월 2일까지 열흘 만에 폭염으로 2,300명 이상이 사망했다. 이 중 최소 1,500명(65%)은 기후변화로 인한 폭염이 심해지지 않았다면 사망하지 않았을 것이라는 분석이 나왔다.[1] 세계기상연구소(World Weather Attribution)가 임페리얼 칼리지 런던과 런던 위생열대의학대학원(LSHTM) 연구진과 공동으로 이 분석을 수행했다. 폭염은 이제 가장 강력한 '침묵의 살인자'가 되었다. 비슷한 시기에 파키스탄에서는 폭우와 홍수로 300명 이상이 사망하고 1,600채 이상의 가옥이 파괴되었으며, 나이지리아에서도 폭우로 댐이 무너져 1,100명 이상의 사상자가 발생했다. 미국 텍사스주에서는 500년 만의 집중호우로 135명이 사망하고 11억 달러 이상의 재산 피해가 있었다.

현재 인류는 이전에는 경험하지 못했던 생태 위기의 시대를 살아가

---

1) 이 분석은 Imperial College London과 London School of Hygiene & Tropical Medicine (LSHTM) 연구진이 공동으로 수행했으며, World Weather Attribution 그룹을 통해 공개되었다. https://www.imperial.ac.uk/grantham/publications/all-publications/climate-change-tripled-heat-related-deaths-in-early-summer-european-heatwave.php?utm_source=chatgpt.com

고 있다. 우리는 삶에 필요한 모든 것을 자연으로부터 얻고 자연에 의지하며 살았지만, 이에 대한 감사와 경외심을 잃고 모든 것을 돈으로 바꾸기 위해 지구 생태계를 파괴하고 착취해 왔다. 그 결과는 참혹하다. 폭염, 한파, 태풍, 홍수, 산불 등 극단적인 기상 현상이 일상이 되었고, 물 부족, 사막화, 해수면 상승, 농업 시스템 붕괴, 식량 부족 등으로 매년 수천만 명의 난민이 고향과 나라를 떠나고 있다. '자연의 역습'이라 불리는 신종 감염병의 지속적인 출현은 인간의 생존을 위협하며, 삶의 터전 붕괴로 인한 위기와 혼란은 크고 작은 분쟁과 갈등으로 이어지고 있다. 열대우림과 산림의 파괴, 토양과 대기 오염, 어족 자원 고갈, 생물 다양성 감소 등 여러 생태 지표들이 급격히 악화되면서 지구 생태계의 지속 가능성에 대한 암울한 전망을 낳고 있다. 그동안 수많은 생명체에게 무한한 터전을 제공했던 지구 생태계는 더 이상 우리에게 너그럽지 않다. 자연과 인간 사이에 불화(不和)의 시대이다.

수많은 생명체의 생존이 위협받는 지금, 우리는 물질과 소유, 소비 중심의 문명을 유지할 것인지, 아니면 정의롭고 평화로운 생명 중심의 새로운 문명을 만들어 나갈 것인지 선택의 갈림길에 서 있다.

자연은 하나님과의 관계의 척도이다

우리는 하나님의 창조세계 안에서 살아간다고 고백하면서도, 이 세계를 우리의 소유물이나 풍요와 편의를 위한 수단으로 여겼다. 이 세계가 하나님이 거주하시는 곳임을 고백하면서도, 그 세계와 그 안의 생명에 대한 경외와 존중을 잃어버렸다. 용서받음과 구원에 대한 감격을 잊고 만물의 꼭대기에서 하나님처럼 행동한 결과가 바로 자연 생태계의 파괴와 오늘의 기후 재앙이다.

성경, 특히 구약성경에서 자연은 늘 인간이 하나님과 어떤 관계에 있는지를 보여주는 척도였다. 하나님을 배신한 백성들에게 내리는 하나님의 심판은 언제나 그들이 누리던 자연의 풍요로움과 축복을 거두시는 것으로 시작했다. 하나님은 하늘의 이슬을 그치시고, 땅의 소출을 없애셨으며(학 1:10), 강을 마르게 하시고(사 44:27, 겔 30:12), 땅을 공허하고 황폐하게 만드셨다(사 6:11, 24:1). 논밭에서 소출이 나지 않게 하셨고(렘 8:13, 12:13, 겔 29:10, 35:9, 슥 7:14), 아무리 수고해도 자연으로부터 얻을 소득이 없게 하셨다(렘 12:13, 호 2:12, 욜 1:10-12). **자연으로부터 오는 축복이 사라진 것은 하나님과의 관계가 무너졌기 때문에 생긴 결과**였다.

마찬가지로, 하나님은 백성과의 관계를 회복하실 때, 즉 **그들을 용서하실 때, 무엇보다 먼저 자연을 회복시키고 그들이 살아갈 생태적 조건을 만들어주셨다.** 하나님은 황폐한 땅을 회복시키고(겔 36:33, 35), 나무를 심으시고(사 41:19), 사람이 그 열매를 먹게 하셨다(겔 36:29-30, 암 9:14, 학 2:19). 이른 비와 늦은 비를 내리시고(욜 2:21-23), 강이 흐르고 샘이 솟게 하셨으며(사 41:18), 곡식을 풍성하게 만드셨다(겔 36:30, 욜 2:18-19). 인간이 자신의 길을 돌이켜 하나님의 용서를 구하고 그 관계가 회복될 때, 자연과의 불화도 끝이 났다.

자연은 이렇듯 인간이 하나님과 맺고 있는 관계가 어떤지 보여주는 척도이다. 하나님은 자연을 통해 우리가 그분의 은혜 속에서 살고 있으며, 그 은혜가 자연을 통해 우리에게 주어졌음을 분명히 하셨다. **자연이 황폐해지고 인간에게 너그럽지 않은 것은 인간의 잘못 때문이다.** 성서의 기록처럼, 오늘날 **파괴되고 훼손된 자연은 우리가 하나님 앞에서 신실하지 못하고 그 관계가 깨져 있음을 명확하게 보여주는 증거**이다. 우리는 지구 곳곳에서 사막이 넓어지고, 강이 마르며, 땅이 황폐해지는 것을 보며, 평범한 가뭄으로 농작물이 타들어 가고, 예측 불가능한 강력한 폭우와 홍수, 산불이 우리 집과 마을을 위협하는 것을 보며, 과연 우리가 하나님 앞에서 올바르게 살고 있는지, 그분과의 관계가 온전한지 돌아봐야 한다. 우리가 자기중심적인 삶에서 돌이켜, 성장, 풍요, 소비, 소유, 편리함을 향한 끝없는 탐욕을 내려놓고 물질이 아닌 하나님 중심으로 돌아설 때, 비로소 자연과 화해할 수 있을 것이다. 그러므로 **생태 문제를 들여다보는 일은 하나님과의 관계를 성찰하는 종교적이고 신앙적인 행위**라고 할 수 있다.

우리는 만물의 화해를 위해 부름받았다

고린도후서에서 사도 바울은 그리스도인의 직분을 "화목하게 하는 직분"이라고 말한다. 화목하게 하는 직분은 그리스도께서 우리를 위해 하나님 앞에서 맡으셨던 직분으로, 그분은 자신의 몸으로 우리와 하나님을 화목하게 하셨다. 그리고 그 화목하게 하는 직분은 우리에게 이어졌다.

> "모든 것이 하나님께로서 났으며 그가 그리스도로 말미암아 우리를 자기와 화목하게 하시고 또 우리에게 화목하게 하는 직분을 주셨으니"(고후 5:18).

용서받은 자로서 우리의 **화목하게 하는 직분**은 화해와 용서가 필요한 자리에서 **화해와 용서를 중재하는 역할**이다. 예수 그리스도의 제자인 우리는 그분의 직분을 이어받아 하나님과 사람, 사람과 사람 사이의 화목뿐만 아니라, 사람과 자연, 자연과 자연 사이의 화목을 위해 부름받았음을 기억해야 한다. 이는 또한 "너희는 온 천하에 다니며 만민에게 복음을 전파하라"(막 16:15)는 예수님의 말씀에서 비롯된 것이다. 여기서 '만민'은 헬라어 원문으로 인간뿐 아니라 '온 창조세계'를 의미한다. '만민에게 복음을', '모든 것이 하나님께로서 났으며'라는 선언을 통해, 우리의 화목케 하는 사명이 하나님이 지으신 모든 창조세계로 확대되어야 함을 깨달아야 한다.

기억해야 할 것은, 우리의 화목하게 하는 직분은 아무 관계없는 제3자로서 중재하는 것이 아니라, **우리 자신이 용서와 화해가 필요한 당사자라는 사실**이다. 자연 만물과의 관계에 있어 우리는 용서받고 화해해야 할 주체로서, 그 관계의 회복에 책임이 있다. 교회의 교육은 이 역할을 묵상하고, 깨닫고, 실천하는 데까지 나아가야 한다. 이번 총회의 주제인 '용서'와 '사랑'은 결코 혼자서 존재할 수 없는 **'관계적 개념'**이다. 용서는 그것을 구하는 자와 베푸는 자가 있고, 그 원인이 해소되고 결과가 있을 때 비로소 온전해지는 사건이다. **용서가 필요한 곳은 잘못으로 인한 고통과 아픔, 갈등과 다툼이 일어난 자리이고, 용서의 결과는 고통의 치유와 회복, 화해와 관계의 회복**이다. 따라서 자연 생태계의 고통과 아픔의 원인을 돌아보아 죄와 불의를 찾지 않는다면 화해는 일어날 수 없으며, 그로부터 돌이키는 것 없이는 용서와 회복이 완성될 수 없다.

창조세계를 참으로 사랑하기 - 교회의 생태환경교육을 위한 제안

우리는 어떻게 자연과의 화해를 이룰 수 있을까? 용서와 회복을 넘어 **하나님이 창조하신 세계를 참으로 사랑한다는 것은 어떤 의미일까?** 아래에 제시되는 교회의 여러 생태환경 교육의 실천적 예시는 우리가 창조세계를 사랑하고 현재 진행되는 자연과의 불화를 회복시킬수 있는 다양한 길 중에 아주 작은 일부일 뿐이다. 중요한 것은 **자연과 세계의 다른 피조 생명들을 더 이상 우리의 풍요와 편리를 위한 도구로 여기지 않는 마음이다. 그리고 이 세계에 대한 모든 권리를 하나님께 다시 돌려 드리는 것이다.**

모든 피조물과 함께 드리는 예배

미국 그리스도교연합교회 목사이자 기후활동가인 짐 안탈은 그의 책 『기후교회』에서 '모든 피조물을 포함하는 예배'를 제안한다. 그는 윤리학자 윌리스 젠킨스를 인용하며, "생물학적인 것들이 사라지는 가운데, 다른 피조물들이 없는 예배는 회중들로 하여금 피조물을 소멸시키는 힘에 대해 무관심하게 만든다"고 강조한다.[2] 그의 말대로, 어쩌면 인류가 자연 생태계와 멀어지고, 사라져 가는 다른 피조물들에게 무관심한 것은 그들을 밀접하게 접하지 못하기 때문일지도 모른다.

하나님은 인간을 비롯한 모든 피조물의 창조주이시다. 이는 하나님이 인간뿐 아니라 모든 만물을 통해 영광 받으신다는 의미이다. 그렇기에 만약 우리가 하나님께 드리는 예배에 그분이 직접 지으신 다른 피조물을 초대한다면, 하나님은 그 조화로움을 보며 더 기뻐하실 것이다. 우리 역시 서로 연결된 창조세계 생명의 본질을 모든 예배에서 느끼게 될 것이다.

우리는 교회를 하나님의 집으로 고백하며 주로 사람만 드나든다고 생각한다. 그러나 은총의 자리인 교회에는 사람만 있는 것이 아니다. "주의 제단에서 참새도 제 집을 얻고 제비도 새끼 둘 보금자리를 얻었나이다"(시 84:3)라는 시편의 노래처럼, 교회의 지붕에는 새들이 깃들고, 마당에는 꽃과 나무 등 다양한 식물들이 자란다. 그곳을 드나드는 곤충, 벌레, 강아지, 고양이에 이르기까지 모든 동식물이 하나님의 피조물로서 그분의 집 아래에 함께 살 수 있다. 교회는 그동안의 인간중심주의, 성장과 물질 중심주의를 넘어 다양한 생명이 공존하고 그들 사이의 평화가 지켜지는 곳으로 푸르게 서야 한다. 우리의 교회와 예배가 단지 인간만을 위한 것이 아니라, 모든 피조물이 기다리는 은총을 간구

---

2) Jim Antal, Climate Church, *Climate World: How People of Faith Must Work for Change* 한성수 옮김, 『기후교회:기후붕괴라는 장기비상사태와 교회의 사명』, (생태문명연구소, 2019), 207.

하는 공간과 행위가 되기를 바란다.

　다른 피조물을 우리의 예배 자리에 초대한다는 것은 단지 다른 생명들을 실제로 예배에 데리고 나온다는 의미를 넘어 그들을 의식하고 우리의 기도와 말씀과 찬양과 축복 속에 포함시키는 것을 의미한다. 이를 위해 교회 공동체에서 할 수 있는 교육 프로그램을 몇 가지 소개하면 다음과 같다.

① 동거-프로젝트
- 교회에 살거나 드나드는 동식물을 조사하고 그들과 평화로운 동거를 위한 방법을 찾아본다.
- 교회 정원이나 화분에 있는 식물의 이름을 알아보고 목록을 만든다.
- 교회에 드나드는 새나 고양이를 조사하고, 그들을 위한 물통이나 먹이를 준비한다.
- 교회 내 식물을 햇볕이 잘 들고 공기가 잘 통하는 곳으로 옮겨준다.

② 동참-프로젝트
- 멸종 위기 동식물과 주변의 파괴되는 산과 강, 들과 바다를 기억하는 주일을 정하고 피조물의 탄식에 함께 동참하는 시간을 마련한다.
- 멸종 위기 동식물이나 파괴되는 자연을 위한 기도 주일을 정하고 함께 기도한다. 고래, 나무, 박쥐 등 다른 피조물의 입장에서 쓴 기도문을 만들어 보면 공감 능력을 키울 수 있다.
- 반려동물이나 반려식물과 함께 예배드리는 행사를 기획해 생명 존중의 가치를 나누고 심리적 교감을 이끌어낼 수 있다. 코로나19 이후 불안과 고립감을 느끼는 사람들이 늘면서, 특히 MZ 세대 사

이에서 '반려돌(石)'이 인기를 얻는 것처럼, 정서적 안정감을 중요하게 생각하는 시대의 흐름을 반영할 수 있다.

생태적 영성을 일깨우는 교육

자연과의 화해와 사랑의 관계는 우리가 서로 깊이 연결되어 있음을 깨닫는 일에서 시작해야 한다. 하나님은 자연 생명을 포함한 우리 모두를 '지구'라는 하나의 울타리에서 살게 하셨다. 이 울타리 안의 모든 생명은 서로에게 깊이 의존하며 서로를 살리고 있다.

생태적 영성이란 일차적으로 피조세계의 질서와 아름다움을 '감지'하고, 생명의 원천을 '찬미'하며 '기쁨'을 누리는 능력이다. 또한 하나님과 사람, 자연 세계가 태초에 불어넣어 주신 하나님의 '숨'을 통해 하나로 깊이 연결되어 있음을 감지하는 영성이다. 숨을 쉬면서, 즉 살아가면서 하나님과 사람과 창조세계가 하나님 안에서 하나라는 인식을 가지고 살아가는 것, 이것을 몸으로 익혀가는 것이 신앙인의 영성이다. 교회의 생태 교육은 생명의 깊은 상호 연결 속에 있는 자연 생태계, 그 세계의 경이로움, 그 안에 사는 피조물의 탄식과 슬픔에 공감하는 능력을 키우는 데 초점을 맞춰야 한다. 이를 위해 교회 공동체에서 함께 할 수 있는 교육 프로그램은 다음과 같다.

① 정기적인 자연 묵상
- 창조세계 순례 : 교회가 있는 지역의 공원, 숲, 하천 등 자연을 함께 걸으며 하나님의 창조 세계를 느껴보는 시간을 갖는다. 걸으면서 보이는 식물, 동물, 풍경들을 통해 하나님의 창조성을 묵상하고, 그 아름다움에 감사하는 기도를 드린다. 자연을 묵상하며 '모든 피조물이 탄식하며 함께 고통을 겪고 있다'는 로마서 8장 22절

의 말씀을 묵상하는 시간을 갖는다. 이를 통해 자연의 아픔에 공감하고, 우리가 할 수 있는 일에 대해 고민하고 기도하는 기회를 얻을 수 있다.
- '창조세계 찬양' 전시회: 자연 묵상을 통해 얻은 영감을 바탕으로 글, 그림, 사진, 시 등 다양한 예술 작품을 만들고 교회 로비나 온라인 공간에서 전시회를 연다. 자연의 아름다움과 그 안에 깃든 하나님의 숨결을 함께 나누고 찬양하는 기회가 될 것이다.

② 생태 문화 교실
- 함께 읽고 함께 느끼기 : 정기적으로 생태적 영성을 다루는 신앙서적, 자연과학 서적, 기후위기 관련 논픽션, 혹은 자연을 소재로 한 시집이나 소설 등 다양한 장르의 책을 선택하여 함께 읽고, 함께 느끼는 시간을 만든다. 책의 주제와 관련된 자연물을 가져와 묵상하거나, 자연의 소리를 함께 들으며 마음을 열고 책을 읽는 것도 좋다. 인상 깊은 구절을 공유하며, 그 구절이 자신에게 어떤 감동이나 깨달음을 주었는지 나누고, 자연과 나의 관계를 깊이 성찰한다.
- 함께 보고 함께 느끼기: 기후위기 관련 영화를 함께 보고, 감상평을 나누며 기후 난민이나 멸종 위기 동물을 위한 구체적인 나눔 계획을 세워본다.

사랑을 연습하는 교육

우리가 아는 사랑의 모형은 하나님의 사랑이다. 그 사랑은 예수 그리스도의 십자가에서 결정적으로 나타났다. 그리고 그 십자가는 우리의 구원을 위한 하나님의 '케노시스'(kenosis), 즉 자기 비움과 자기 물러섬의 상징이다. 예수님은 인간과 연합하기 위해 스스로 인간의 몸을 입고 세상에 오셨으며, 인간의 구원을 위해 십자가를 지셨다. 그리고 그분의 제자들에게 자기 십자가를 지고 그를 따를 것을 요청하신다.

십자가가 하나님 사랑의 결정체이며 그 사랑이 자기 비움과 자기 물러섬으로 귀결된다면, 우리의 사랑 또한 자기 비움과 자기 물러섬으로 나타나야 한다. 특히 기후위기와 생태계 붕괴의 위기 속에서 그리스도인의 사랑은 고통받는 자연에 대한 책임을 포함해야 한다. 지금과 같이 인간의 무한한 자기 확장이 아닌, 자연의 한 구성원으로서 자연이 받은 상처를 싸매고 돌보는 일이 우리가 져야 할 십자가이자 사랑이다. 자연을 소유할 권리가 있다는 듯 욕심껏 살아왔던 삶에서 돌아서서 겸손한 자기 물러섬과 비움, 절제의 경건을 연습해 가야 한다. 그것이 비록 '좁은 길'일지라도 결국은 생명으로 이어지는 길이다. 이 사랑의 본질을 따라 살기 위해 교회 공동체에서 함께 할 수 있는 생태교육 프로그램은 다음과 같다.

① 절제의 경건 훈련
- 가정이나 교회에서 배출하는 탄소의 양을 계산하는 방법을 배운다. 의, 식, 주, 교통, 에너지, 문화, 경제 등 일상생활에서 탄소가 어떻게 배출되는지 배우고, 이를 줄이는 캠페인을 정기적으로 진행한다.[3] 예를 들어 한 달 동안 '미니멀 라이프' 챌린지를 진행하고, 가장 실천을 잘한 사람에게 '미니멀리스트 상'을 수여하는 등 긍정적인 경험을 만들어 본다. 불필요한 물건을 정리하고 비우는 과정에서 삶의 본질적인 가치를 되돌아보고, 소유에 대한 집착을 내려놓는 훈련을 할 수 있다.

---

3) 이를 위해 "생명의 길, 초록 발자국" 캠페인의 진행을 권한다. 이 캠페인은 삶의 7가지 영역(기후 미식, 슬로우 패션, 미니멀 라이프, 녹색 교통, 그린 에너지, 녹색 서재, 생명의 경제)에서 탄소 배출을 줄이는 실천 프로그램이다. 기독교환경운동연대에서 제안하여 2022년 우리 교단 총회와 남선교회전국연합회, 여전도회전국연합회가 협약을 맺고 함께 진행한 바 있다. 자료는 총회 홈페이지 자료실 참조. https://www.pck.or.kr/bbs/board.php?bo_table=SM02_06_11&wr_id=381

- "한국교회 2050 탄소중립 로드맵"[4]에 따라 교회의 에너지 사용처를 파악하고, 에너지 절약 및 전환 계획을 세워 교회학교를 포함한 각 부서가 역할을 나누는 중장기적인 계획을 세우고 실천한다.

② 생명의 정원 가꾸기
- 집이나 교회 주변에 나무와 식물을 심어 정원이나 텃밭으로 가꾼다. 단순히 관상용이 아니라, 식물이 건강하게 자랄 수 있는 환경을 조성해 준다. 교회에 자신의 나무나 화분을 가꿀 수 있도록 돕는 것도 좋다.
- 기후재난에 대해 공부하고, 기후위기로 인해 더 큰 고통을 겪는 빈곤층, 노약자, 농어민, 장애인, 야외 노동자, 여성, 어린이 등 '기후 약자'를 돌보는 봉사 계획과 담당자(부서)를 마련한다. 우리는 모두 하나님의 동산에 거주하는 생명으로서 약한 이웃을 돌보는 일은 '하나님의 정원'을 함께 가꾸는 일이 될 것이다.
- 탄소 배출로 자연과 이웃에게 피해를 준 것을 회개하는 마음으로 '탄소헌금'[5]을 모아 기후 재난으로 삶의 터전을 잃은 이재민이나 이웃 나라를 돕는 데 사용한다. 예를 들어 몽골, 네팔 등 기후 재난을 겪는 나라에 나무를 심는 사업에 기부하는 방식으로 생태 선교를 진행할 수 있다.

---

4) 우리 교단은 107회기 총회를 통해 "기후위기 대응지침"을 마련하고, 이에 따른 "한국교회 탄소중립 로드맵"을 발표하였다. 자료는 대한예수교장로회총회 『환경선교 정책문서 모음집』 참조. https://www.pck.or.kr/bbs/board.php?bo_table=SM02_06_11&wr_id=398

5) '탄소헌금'은 세리였던 삭개오가 예수님을 만난 후 자신이 이웃의 것을 속여 빼앗은 일이 있으면 네 배로 갚겠다고 고백을 했던 것(눅 19:8)처럼, 우리도 그동안의 잘못된 탄소배출로 자연과 이웃들이 기후재난의 어려움을 겪고 있음을 기억하고 탄소배출에 대한 자발적 헌금을 모아 기근, 홍수, 침수, 화재, 이상기온 등 기후재난으로 삶의 터전을 잃은 기후난민들을 위한 긴급구호와 이들이 새로운 삶의 터전을 확보하는 일을 돕자는 제안이다.

'존재'를 향한 용기를 북돋우는 교육

현대인의 불안은 '무엇을 소유했는가'를 통해 자신의 가치를 평가받는다고 생각하는 데서 비롯되는 경우가 많다. 그러나 마태복음 19장의 부자 청년의 비유가 보여주듯이, 우리의 근심은 오히려 우리가 소유한 것이 많은 데서 비롯된다.

로마 가톨릭 신학자 개리 가드너는 성 프란치스코의 말을 인용해 "우리는 덧셈 대신에 뺄셈을 하면서 하느님께 나아간다"[6]고 제시한다. 우리는 무엇을 갖지 못해서 하나님께 나아가지 못하는 것이 아니라, 가진 것이 너무 많아 하나님께 나아가는 길이 방해받고 있다. 하지만 하나님은 우리가 무엇을 가졌든, 갖지 못했든 우리 자체로 우리를 사랑하셨다. 우리의 소유가 아닌, '존재' 자체를 긍정하신 것이다. 그러므로 교회의 교육은 이러한 존재의 가치를 깨닫고, 불필요한 소유와 소비에서 벗어나 '존재' 자체로 이미 충분하다는 삶의 용기를 향해 나아갈 수 있도록 이끌어야 한다. 이를 위해 교회 공동체에서 함께 할 수 있는 생태교육 프로그램은 다음과 같다.

① 나눔-프로젝트
- 공유 경제 실험 : 교회 내에 '물건 공유 센터'를 운영하거나, '재활용 장터'를 정기적으로 개최해 사용하지 않는 물건을 나누고 교환하는 활동을 해본다. 물건의 새로운 주인을 찾아주는 것은 물론, 물건이 가진 이야기까지 나눌 수 있는 따뜻한 소통의 장을 만들 수 있다.
- 재능 기부 장터 : 옷 수선, 자전거 수리, 요리법 공유 등 각자의 재능을 필요한 이웃에게 나누는 시간을 가져본다. 물질적인 소유를 넘어 서로의 재능을 나누는 경험을 통해 공동체의 가치를 배우고

---

6) 짐 안탈의 앞의 책, 178쪽에서 재인용

'존재' 자체로 서로에게 얼마나 큰 기쁨이 되는지를 깨달을 수 있다.

② 멈춤-프로젝트
- '소유 대신 경험' 탐색 : 물질적인 것을 사기 전에 '이것이 정말 필요한가?'를 스스로에게 묻고, 그 돈으로 자연 속에서의 경험(예: 숲 산책, 별 관찰 등)을 선택해 본다. '소유'가 아닌 '경험'을 통해 얻는 기쁨이 훨씬 크다는 것을 몸소 느끼게 해주는 교육이 될 것이다.
- '나의 물건 이야기' 워크숍 : 소중히 여기는 물건 하나를 정하고, 그 물건에 얽힌 자신의 삶의 이야기를 글로 쓰거나 그림으로 그려 나누는 시간을 갖는다. 물건과의 관계를 돌아보며 '무엇을 가졌는가'가 아닌 '어떻게 살았는가'에 집중하게 될 것이다.

하나님의 창조성을 닮아가는 교육

하나님은 창조주이시며, 우리는 창조주 하나님의 형상을 따라 지음 받은 창조적 존재이다. 우리의 창조성은 단순히 새로운 것을 만들어내는 것을 넘어, 이미 존재하는 것들을 새로운 가치로 변화시키는 능력이다. 독일의 신학자 도로테 죌레는 "창조적 힘은 다른 인간을 위해 또는 공동체를 위해 세상을 갱신하는 능력"[7]이라고 말했다. 파괴된 자연을 회복하고 돌보는 일은 곧 하나님의 창조 사역에 동참하는 행위이다. 그리스도인으로서 우리는 이웃과 지역사회에 유익을 끼치며 생태 회복에 기여할 수 있는 공적인 책임이 있다. 다음은 사회와 공동체에 긍정적인 영향을 줄 수 있는 생태 회복 프로그램이다.

---

7) 도로테 죌레, 『사랑과 노동』, 67

① 창조 교실
- '쓰레기, 보물이 되다' 프로젝트 : 버려지는 플라스틱병, 헌옷, 종이상자 등을 활용해 새로운 물건(예: 화분, 장난감, 예술 작품)을 만드는 업사이클링 교실을 운영해 본다. 이 과정을 통해 '버릴 것'으로 생각했던 모든 사물에 여전히 가치가 있음을 깨달을 수 있다.
- 친환경 제품 만들기 : 재활용 비누 만들기, 천연 수세미 키우기, 꿀벌 밀랍랩 만들기 등 일상에서 탄소배출을 줄일 수 있는 물품을 직접 만들고 사용하는 교육을 진행해 본다.

② 지역 돌봄 교실
- 공동체 정원 가꾸기 : 교회 부지나 인근 공터에 '공동체 정원'이나 '생태 텃밭'을 만들어 지역 주민과 함께 가꾼다. 텃밭을 분양하거나 도시 양봉을 진행하고, 수확한 것을 이웃과 나눈다. 이를 통해 자연과 교감하고 공동체 관계를 강화하며, 사회적 책임을 실천한다.
- 기후 약자 돌봄 : 기후재난으로 고통받는 이웃을 돕는 봉사단을 조직한다. 에너지 빈곤층 가정을 방문해 단열재 설치 등을 돕거나, 탄소헌금을 모금하여 기후난민을 돕는 데 사용한다. 이는 교회의 사회적 역할을 재정립하는 계기가 될 것이다.
- 자원 순환 센터 운영 : 버려지는 물건을 새로운 가치로 변화시키는 '업사이클링 교실'을 운영하거나, 교회 내에 '제로웨이스트샵'이나 '자원순환센터'를 만들어 폐지, 건전지, 플라스틱 뚜껑 등 개별 가정에서 수집하기 힘든 재활용품을 모아 재활용하는 곳에 전달하는 역할을 한다. 교회학교의 한 부서가 하나씩 역할을 분담해서 진행해도 좋다.[8]

---
8) 서울 노원구의 한 교회는 청소년 대표들이 자원순환센터장을 맡아 주일 오후에 운영하고 있다. 미

위에 제시된 활동들 외에 교회의 상황에 맞는 교육과 실천 프로그램을 진행할 수 있다. 이를 통해 단순히 생태환경 문제를 해결하는 것을 넘어, 하나님과의 관계를 회복하고 모든 피조물과 더불어 살아가는 사랑의 삶의 방식을 배워 나갈 수 있기를 기대한다.

더불어 사는 도리(道理)

인생에는 생애주기별로 넘어가야 할 삶의 과제가 있고 이수해야 할 교육이 존재하지만, 사랑, 정의, 평화와 같은 특별한 주제를 가진 교육은 평생에 걸쳐 지속적으로 이루어져야 한다. 특히 기후위기와 생태계 위기를 겪기 전까지 우리는 자연의 다른 피조물들을 어떻게 활용할 것인지에 대해서만 궁리했을 뿐, 하나님의 창조세계 안에서 어떻게 살아야 할지, 다른 생명들과 어떻게 평화의 관계를 이루며 살아야 할지, '오이코스'(oikos)에 대한 제대로 된 교육은 부족했다. 온전히 인간의 탐욕과 잘못으로 인해 '하나님의 위대한 작품'이 파괴되어 가고, 6차 대멸종이 예견되는 이 시대에, 사람 사이의 도리와 윤리에 대한 교육을 넘어 자연 생태계와 더불어 사는 도리와 윤리가 성찰되고 학습되기를 바란다. 하나님의 또 다른 피조물인 자연 생태계와의 진심 어린 참회와 용서, 화해와 사랑의 교류를 통해 지속 가능한 세계를 만들어가기를 소망한다.

래세대가 이 일을 진행할 경우 다양한 세대의 협력과 참여를 유도할 수 있다.

교육주제 47

용서받은 나, 사랑하는 우리

초판발행　2025년 10월 22일

편집인　총무 전 호 영
　　　　대한예수교장로회총회 교육자원부
주　소　03128 / 서울 종로구 대학로3길 29 총회창립100주년기념관
전　화　(02)741-4356 / 팩스 741-3477

펴낸이　강 성 훈
펴낸곳　한국장로교출판사
주　소　03128 / 서울 종로구 대학로3길 29 총회창립100주년기념관
전　화　(02)741-4381 / 팩스 741-7886
영업국　(031)944-4340 / 팩스 944-2623
등　록　No. 1-84(1951. 8. 3.)

ISBN 978-89-398-4646-3 / Printed in Korea
값 19,000원